本书为教育部人文社会科学研究青年基金项目"认知视角的英汉及物性句法—语义—功能综合研究"（项目批准号：19YJC740074）的结项成果。

　　本书得到重庆市重点文科基地"外国语言学与外语教育研究中心"科研项目"英语及物性的认知机制研究"（项目编号：18SKB059）的资助。

及物性的认知语法研究

A Cognitive Grammar Approach to Transitivity

王惠静 著

人民出版社

责任编辑:陈寒节

装帧设计:姚　菲

图书在版编目(CIP)数据

及物性的认知语法研究/王惠静著.—北京:人民出版社,
2023.11

ISBN 978-7-01-022714-6

Ⅰ.①及⋯　Ⅱ.①王⋯　Ⅲ.①英语-认知语法-研究

Ⅳ.①H314

中国版本图书馆 CIP 数据核字(2023)第 239015 号

及物性的认知语法研究

JIWUXING DE RENZHI YUFA YANJIU

王惠静　著

人民出版社 出版发行

(100706　北京市东城区隆福寺街 99 号)

北京盛通印刷股份有限公司印刷　新华书店经销

2023 年 11 月第 1 版　2023 年 11 月北京第 1 次印刷

开本:710 毫米×1000 毫米 1/16　印张:16.75

字数:200 千字

ISBN 978-7-01-022714-6　定价:66.00 元

邮购地址:100706　北京市东城区隆福寺街 99 号

人民东方图书销售中心　电话:(010)65250042　65289539

目　录

序

　　应王惠静博士的邀请，为其新著《及物性的认知语法研究》作序，甚为高兴。她是我指导的硕士研究生和博士研究生。从硕士学习阶段，她就开始研究及物性，那时主要是基于认知语言学的典型范畴理论探讨及物性的典型效应。攻读博士学位期间，她继续深入研究及物性这一语言学重要话题。本书是她博士毕业后，持续专注于及物性研究，在前期成果储备充分的基础上，获得教育部人文社科基金项目资助，由博士学位论文修改而成的力作。阅后，喜见她对及物性的本质特征等相关问题的认识日趋完善和深入，对于及物性研究和认知语言学理论的应用来说，也是一大贡献。本书以认知语法理论为本，在及物性的研究视角、及物性的本质特征、及物性与认知主体的关系等方面有突出特点。

　　第一，及物性具有语言普遍性，一直以来是语言学研究的焦点之一，其研究理论视角包括传统语法、转换生成语法、系统功能语法、语言类型学等，本书从认知语法理论主张出发，具有理论视角的创新性。认知语言学的研究旨在探索概念系统、身体经验与语言结构之间的关系以及语言、意义和认知之间的关系。因此，本书以认知语法为基础，拓展了及物性研究的深度和广度，对及物性提出了新的认识，探讨了新的话题，包括及物性的概念基础、及物性偏离以及背后的认知机制、及物性与认知识解的关系等。

第二，本书从认知语法视角，探讨了复杂的及物性偏离问题。及物性是整个小句的特征，有高低层级之分，是一个度的问题。及物性在根本上与事件有关，典型及物性的经验基础是两个事体间通过接触，一个事体将力传递给另一个事体，导致该事体发生形态变化的及物事件。王惠静首先基于 Langacker 的经典事件模型，从三个维度构建及物性判断参数，即事件特征、施事、受事。在每个维度下设定出相互联系和统一的具体参数。然后，以此为依据，分析大量非典型及物事件所体现的非典型及物性偏离典型及物性的路径。非典型及物性的句法表现形式为非典型及物小句，小句的及物性偏离典型及物性的程度不同。有些小句具有较高及物性，在较低程度上偏离典型及物性；有些小句具有较低及物性，在较大程度上偏离典型及物性；有些甚至无及物性，在极大程度上偏离典型及物性。偏离的具体路径从事件特征、施事、受事三个维度的参数缺失情况进行了考察。小句缺失的及物性判断参数越多，及物性就越低，偏离典型及物性的程度就越高。但参数对于及物性高低判断的重要性并非完全相等，其中，事件特征维度的［力传递］是最为核心、权重最高的参数，即有［力传递］参数，小句及物性属于较高范畴，无［力传递］参数则属于较低范畴。她还发现，在小句及物性偏离典型的背后有认知主体人的认知转喻操作，涉及整体代部分等转喻模型。小句及物性偏离典型及物性的程度越大，小句的句法行为受到的限制也越多，导致能产性降低。王惠静从事件概念模型出发，分维度设定及物性判断参数，对于厘清参数之间的语义关系和权重有积极作用，也是一大创新之处，使用判断参数描写及物性的偏离使我们能够更加全面和深入地把握及物性。

第三，本书对及物性的研究体现了认知语言学"概括的承诺"和"认知的承诺"。与已有及物性研究不同，本书主张从经验事件出发研究及物性，指出典型及物性的概念基础为 Langacker 所提的经典事件模型。更为抽象地说，及物性是事件及事件参与者交互关系的概念化。从概念层面定义及物性更具概括性，突显及物性是对人类共同经验的表达，试图对及物性现象做出具有最大普遍性的解释，这是"概括的承诺"的体现。同时，本书特别关注及物性涉及的人的一般认知能力，这体现了"认知的承诺"，具体表现在三个方面。第一，及物性在从典型向非典型偏离的过程背后依赖于人类的转喻认知机制。转喻是及物小句中的主语和宾语的语义角色偏离典型施事和受事的重要认知手段，主要包括："整体–部分"与"部分–部分"的转喻模式，这两大模式的生成过程通过 Langacker 的激活区进行了解释。第二，本书指出及物性存在于不同的认知域，即物理域、心理域和社会域。三个认知域内的及物性都有其典型，概念基础分别为物理域典型及物事件、心理域典型及物事件和社会域典型及物事件。不同认知域内的及物性并非毫无关联，而是通过概念隐喻相互连接。及物性从最为基础的物理域向更为抽象的心理域和社会域映射。第三，及物性不是对客观事件的镜像反映，而受到认知主体人的识解调控。高及物性事件不一定被认知主体编码为具有高及物性的小句，可能编码为具有低及物性的小句。在相同情景下，认知主体对客观事件进行识解的详细程度、突显、视角不同，导致编码出的小句及物性高低不同。识解方式的选择并非任意发生，受到诸多语言外因素控制，包括认知突显原则、情景特征、交际需求等，这些因素共同构成了她提出的及物性识解机制。及物性识解机制融入了认知、语用、话语等诸多因素，揭示了语言、认知、语用相交互的复杂关系，对我们理解语言与思维以及话语的关系有重要价值。

第四，本书以认知语法理论为基础，从多个角度对及物性进行系统性研究。本书不仅从语言内部考察及物性的句法表现，也从语言外部探寻及物性的经验基础，认知主体的识解调控等问题。其次，对及物性的分析采取自上而下与自下而上相结合的方式。先从整体视角出发，关注整个小句的及物性，分析非典型及物小句的及物性偏离典型及物性的具体路径和背后的认知机制。然后，从部分出发，分析小句中的各个成分，包括核心成分（勾勒两个参与者的名词短语和整个事件类型的谓语）和非核心成分（修饰语、附加成分等）对小句及物性的影响，特别是较大程度影响小句及物性偏离典型的情况，即去及物化现象。有些小句本来具有较高及物性，但由于某个成分的植入或某已有成分的去除，小句的及物性显著降低，甚至造成及物小句不合法，可以说该成分起到了去及物化的功能。去及物化功能实现的主要方式为某成分的增加或缺失引起小句内部发生语义冲突、语义重叠、语义缺省等，使得最为核心的"力传递链"无法形成，小句的及物性大幅度降低。由此进一步论证了及物性并非动词特征，而是整个小句的特征，同时揭示了及物性的多维性本质。

总之，及物性是语言学研究中的核心话题，其研究也具有悠久的历史，最早可追溯到古希腊、罗马时代。虽然及物性的研究视角多样，但认知语言学作为一种新兴的研究范式，对及物性的研究可以说仍处于发展阶段，有待进一步深入发展。我相信，《及物性的认知语法研究》的出版必将为认知语言学视角的及物性研究注入新的活力。及物性是一个多因素的语言概念，不仅涉及语法，也涉及语义、语用和认知，同时，及物性还具有跨语言性，很多问题都值得进一步探究。希望王惠静能够继续潜心钻研，在及物性研究领域和其他语言学研究领域取得更多、更佳的成绩。

是为序。

文　旭

西南大学外国语学院

2023 年 6 月

绪　论

　　及物性这个术语源自拉丁文 *tran* ' *across* ' 和 *īre* ' *go* '，它是一个既涉及形态句法又涉及语义等多个维度的核心语法概念，因此一直以来是语言学研究的焦点之一。及物性普遍存在，"它在大多数语法理论中都是一个重要概念，几乎所有的语言都体现及物性现象"（LaPolla，et al.，2011：469-491）。及物性的研究有着悠久的历史，最早可以追溯到公元前的古代希腊、罗马时代。

　　从较为近期的研究来看，及物性研究的视角主要有传统语法、转换生成语法、系统功能语法、类型学等，认知语言学作为一种新兴的研究范式，渐渐成为及物性研究的新视角。从研究内容来看，涉及及物性的定义（及物性究竟是什么）、影响因素、及物性与动词论元的关系问题等。传统语法和转换生成语法可以说都是从形式层面定义及物性。传统语法把及物性等同于动词后是否带宾语，带直接宾语的为及物动词，不带直接宾语的为不及物动词。有直接宾语出现的小句为及物小句，没有直接宾语出现的为不及物小句。及物性于是便等同于动词特征，并且是一个非此即彼的二分概念。

　　转换生成语法强调语法的自足性、规则性和生成性。在转换生成语法体系中，直接宾语就是一种生成概念，因为它是由小句中线性的语符列中的位置所决定的。及物性仍然是严格的动词次范畴特征，及物性在本质上是完全形式的，与语义没有任何关系。在及物小句中主语和宾语都是一种严格的规则上的支配关系。在这种形式的、二分的定义之下，所有及物小句的地位都是完全相等的，并且及物小句和不及物小句之间是完全相互对立、非此即彼的，不允许居于二者之间的小句存在。在大量的语言事实面前，这种认识显得过于简单，缺乏解释力。例如"John killed Mary""He resembles his father"，两句的句法结构几乎完全相同，但句法表现却有所不同。前一句有被动形式，而后一句却没有被动形式，这一事实表明两句并不是完全相同的及物小句。只从论元个数和是否有宾语的纯形式视角定义及物性，无法解释以上差异。因此，及物性不只是形式问题，还应考虑其他维度，如语义因素。

格语法、角色参照语法等理论从语义视角对及物性问题进行论述。菲尔墨（Fillmore，1968）通过设立格角色，赋予及物小句中的基本语法成分不同的语义特征，并发现相同及物小句中的主语和宾语的语义角色可能并不完全相同（如以上两例句），但对于前文所提及的两句句法表现不同的问题并没有予以解释，同时所设置的语义格也不能充分描写及物小句。角色参照语法认为与及物性直接相关的不是动词的句法价，而是语义宏角色，但同样存在宏角色难以设定的问题。这两个语法理论下的及物性研究虽然意识到形式研究的不足，强调了语义层在及物性问题中的重要性，但本质上还是以动词为中心，因而在其看来，及物性仍然是动词的主要特征，被视为一个二分概念，同样没能很好地解释形式相同的及物小句有不同句法表现的现象。

类型学视角的研究开创性地将及物性视为小句特征，而非动词特征，与事件的有效性有关。霍伯和汤普逊（Hopper & Thompson，1980：251）进一步提出及物性并非二分概念，具有层级性，及物性与不及物性之间形成一个连续体，并提出了 10 项影响因素，用以判断不同小句所体现的及物性高低。她们的研究成果打破了长期统领的"二分"观，对及物性的认识是革命性的推动，但她们将语义特征和句法特征混合在一起，不利于判断及物性的本质，同时使得在实际操作中，出现及物性高低判断难题。她们所设的参数之间的相互关系和参数自身的定义存在不足。基于此，日本学者角田太作（Tsunoda，1999）对她们的参数进行了修正，认为宾语的受影响程度最为重要，需要进一步划分变化尺度，然而他的列表参数更多地列举了句法特征，忽略了语义的重要性，在判断精确度上略逊一筹。霍伯和汤普逊提出的某些参数定义被认为不准确，并且她们所说的"宾语个体化特征"不包括突显，而"突显"应该单独作为另一个特征（R. Lapolla, Kratochvil & A. Coupe, 2011）。她们对于参数的选取给人随意的印象，缺乏一个系统统领所有特征。类型学的及物性研究更重视对现象的描写，而没有对丰富的及物性现象，如低及物性小句的成因作出解释。

霍伯和汤普逊的研究具有重要的影响，引起了激烈的讨论，触发了一系列及物性研究新话题，如判断参数、典型及物性等。随着及物性的"二分观"被打破，研究者进而发现及物性的层级性特征，典型及物性逐渐成为核心概念，究竟什么是典型及物性成为关键性问题，只有定义好典型及物性，才能应用它更好地分析大量的语言现象，尤其是非典型及物小句。不少学者就此话题展开论述，如莱柯夫（Lakoff，1977）、泰勒（Taylor，2001）、纳斯（Nass，2007）分别列举了一系列典型及物性特征，但也缺乏具有统领性和概括性的概念。

认知语言学的研究目标是探索概念系统、身体经验与语言结构之间的关系以及语言、意义和认知之间的关系（文旭，2002）。认知语言学也关注及物性问题，同时因为其不同于功能语言学、类型学等研究范式，强调认知主体的主观性在语言语义描写中的重要地位，更致力于解释语言背后的生成理据，不断拓展及物性研究的深度和广度，从新的视角对及物性有了新的认识。赖斯（Rice，1987）认为，研究典型及物性需从行为和交互的概念模型出发。及物性不能仅靠出现在某个特定结构中的名词性结构界定，它是一个度的问题，取决于整个小句的意义（Langacker，2004：302）。泰勒（2001：221）指出及物性是小句特征，不是词的特征，是对世界进行识解的特征，世界通过小句得以表征。认知语言学视角的研究无疑增加了及物性的维度，如认知主体的主观识解，推动了及物性研究向纵深发展。在此背景下，本书拟从认知语法理论出发研究及物性的核心问题。

及物性研究有悠久的历史，研究的视角也在不断改变，从形式到语义，从传统语法、转换生成语法、类型学、系统功能语法再到认知语言学。研究视角的改变意味着及物性的有些根本性问题还没有得到清晰的阐释，许多语言现象在现有的理论框架中也没有得到令人满意的解释，或者说还需要更为详细的研究。由于新的研究视角的出现，还可能引发新的问题，这在以往研究中稍有论述。这些核心问题可简要概括为及物性的定义、典型及物性、及物性层级判断标准以及及物性与语言使用的关系问题。

1. 及物性的定义

及物性的定义一直以来都是不同流派的语法理论首先力图解决的问题，也提出了前述的不同主张。但这些定义与纷繁复杂的语言现象有诸多不符之处。形式视角的研究通过宾语来定义及物性，这一定义已经受到批判，及物性动词的不及物用法以及不及物动词的及物用法都是很好的反例。从跨语言的语料来看，显然这种纯粹的句法形式并不是决定及物性的本质因素。有些语言中及物小句和不及物小句都可能出现两个或三个论元。但即便是相同的形态结构如英语的"She resembles her mother"，汉语的"睡地板"，泰语的"nonsofa（睡沙发）"，与"我打他"所体现的及物性都不相同。语义视角仅依赖有限的格角色等，也没能清楚定义及物性。类型学视角认为及物性是小句特征，是程度问题，但对其本质上没有进行任何深入探讨。那么及物性究竟是什么，仅从形式入手，显然不能解释及物性的变化与多样化表现。及物性究竟是句法的还是语义的？罗仁地教授（2011）认为句法形态特征和霍伯、汤普逊（1980）所说的事件有效性（effectiveness）应该分为两个不同的概念，及物性只与前者有关，但这样降低了及物性的普遍性。如何定义能更好地解决及物性的普遍性和个体性之间的关系，还需进行深入探讨。

2. 典型及物性

莱柯夫（1977）以及霍伯、汤普逊（1980）通过对不同语言的考察，得出了类似的典型及物小句语义和句法形态特征。德兰西（DeLancy，1987：53）进一步将典型及物性的句法和语义特征归纳为：有两个参与者，是运动性事件，具有瞬时性和完成性，有明确指称对象，有个体化的、完全受影响的受事和有生命力的、意志性的施事，是肯定的、真实的事件。具有所有这些特征的及物小句为典型及物小句，体现典型及物性。但这些参数的选取始终给人随意的印象，缺乏系统性。

认知语义学认为及物性是一个语义概念（刘正光，2005），是对世界进行识解的特征，世界通过小句表征（Taylor，2001：

221）。及物性是对世界经验的表达，其概念基础与事件有关。对典型及物性的定义应从"交互的认知模型出发"（Rice，1987）。虽然霍伯、汤普逊等已经列举出大量的描写典型及物性的特征，"但不应是一个任意罗列的清单，这些因素可以被确定为典型事件模型的各个方面"（Langacker，1987：302）。基于兰盖克（Lan-gacker）的主张，我们认为典型及物性的概念基础为物体间相互碰撞产生能量传递这一典型及物事件，概念化为典型事件模型。

用于描写语义单位的语境就是认知域，可以根据一个或多个维度对认知域作出描写（Langacker，1987：147）。典型事件模型是一个复杂的认知域，包括多个维度，如两个客观存在的实体、时间、空间等。任何语义都依赖于更低层、更基础的认知域得以描写和理解。此处所涉及的时间、空间、移动、接触、物理能传递、形变等概念都是我们直接可以看得见、感受得到的物质域的不同维度。因此，可以说典型事件模型属于物质域（physical domain），我们通过物质域的各维度理解典型事件模型。但事件不仅存在于物质域，还存在于其他更为抽象的认知域，比如，在我们的心理空间也可能存在抽象事体的移动，如态度、想法等，在社会交往空间也存在如言语行为的参与等。前期的研究都只从一个认知域，即物质域定义典型，并不能充分描写及物性的语义。

3. 及物性层级判断标准

及物性的判断标准自类型学研究指出及物性有层级性特征以来，也成为及物性研究的焦点问题。随着及物性的二分概念逐渐被摒弃，更多学者将及物性视为有程度之分的概念。由此，如何判断及物性层级便成为一个重要问题。类型学对此作出了突出贡献，提出了具体的参数表，包括参与者数量、行为、体、瞬时性、意志性、肯定性、方式、施动性、宾语受影响程度、宾语个体化程度等。这一参数表对一些语言现象能作出判断，但是给人过于"数据化"的感觉，对有些小句的及物性高低作出的判断与我们的常规理解有很大偏差，角田太作在此基础上进行了修正和简化，制定了及物性类别层级。但他所列举的特征显得过于粗疏，有些小句及物性的细微差别又不能体现。总之，现有的参数给人任意堆积的印象。那么，参数应该是语义的还是句法的？各种参数标准之间有何内在联系？参数的重要性是否相同？统领参数的概念是什么？都是需要解决的问题。

4. 及物性与语言使用

以往的及物性研究大都持一种静态观点，要么从形式出发，要么从形式与语义结合出发来界定和判断及物性，基本假设就是及物性似乎是一个固定特征，并不因为出现的语境而发生变化。从实际的语言现象观察，及物性是动态变化的，与具体的语言使用有密切的关系。语言使用包括语言使用者以及使用的语境等因素，也就是说及物性除了与语言内因素有关之外，还与诸多语言外因素相关联。首先，及物性与语言使用者有关。同一个事件，不同的语言使用者可能作出不同的认识，最终产生不同的语言编码。那么，可能出现的情况是：有及物性的事件被编码为不及物的语言形式，或者不具及物性的事件却被编码为及物的语言形式。显然，及物性研究中不能忽略语言使用者的主观性。比如情境：约翰打了喷嚏，桌上的纸因而掉到地上。不同的语言使用者会使用不同的语言表达形式：

（a）John sneezed the tissue off the table.

（b）John sneezed.

以上两个小句都可能是对同一个情景的描写，但显然两个小句所表现的及物性不同。造成这一差异的主要原因是语言使用者的主观认识不同。由此看来，及物性并不是静态的，而是动态变化的，与语言使用相关，即使用者视角、语境、表达意图等诸多语言外因素有密切关系。

如何从语言外因素出发，对及物性的动态变化作出解释和说明，即语言使用者的主观认识涉及哪些方面？它们是如何影响及物性的动态变化的？具体的语境因素又是如何影响语言使用者的主观认识的？等等。这些问题在以前的语法理论中鲜有论述。

以上几个有关及物性的核心问题，在前述的语法流派中，要么没有得到更好的解释或说明，要么还少有涉及，而对于及物性的研究又至关重要。认知语言学理论，特别是认知语法理论，主张从概念系统、身体经验与语言结构之间的关系以及语言、意义和认知之间的关系出发研究语言，将形式-意义配对作为研究对象，认为语言表达是基于使用的，受制于语言使用者的识解。基于以上分析，本书拟以认知语言学理论，主要是认知语法理论为基础，力图具体回答以下几个问题：

（1）及物性在本质上是什么，具有哪些属性特征？

（2）典型及物性是什么？及物性层级判断标准是什么？及物性既然有层级性，那么非典型及物性如何偏移典型？这个过程背后涉及怎样的认知机制？

（3）语言使用者的主观性与及物性动态变化的关系如何？

（4）及物性不是动词特征，而是小句特征，小句层面的各个成分如何影响小句及物性？

当代语言学承诺语言是一种认知现象。认知语言学也主张语言不是一种独立的能力，而是人的一般认知能力的一部分。因此，研究语言的目的不仅仅是对语言进行描写，更重要的是通过语言这把"钥匙"，打开我们无法直接观察的人类心智及大脑的"黑箱"，从而揭示语言与人类思维之间的关系，更具体地说是人类思维对语言的影响，或者说人类一般认知能力对语言结构和表达的影响。本书的主要目标是以认知语言学思想，尤其是认知语法为理论基础，将及物性视为语义概念，基于经验中的事件定义及物性，具有跨语言的共性；及物性的句法表现为 NP+V+NP 结构，不同语言体现出差异性；同时强调认知主体对及物性的影响，从自上而下、自下而上两个方面分析及物性。一方面，自上而下指采取整体的视角，及物性是整个小句的特征，而非单个动词的特征，对及物性高低的判断应该在小句层面；另一方面，自下而上指小句中的每个成分都可能对小句及物性产生影响。因此，本书的研究具有以下特点：

（1）认知语言学秉承概括的承诺（generalization commitment），即寻求一般的原则，试图对语言及语言现象作出具有最大普遍性的解释。本书将人类共同拥有的经验基础之上的典型及物事件模型视为及物性意义的概念基础，从概念层揭示及物性的意义，显然更具概括性，重视语言共性。

（2）将主体人的认知识解作为影响及物性动态变化的重要因素，并且进一步探讨识解的认知机制，更能体现人类心智活动对语言运用的影响，从而更好地揭示语言与思维的关系，更有效地解释语言之所以为此的缘由。

（3）自上而下与自下而上相结合，既有整体视角，关注整个小句及物性的典型和非典型，也分析小句中的核心和非核心成分，有助于我们更加充分地、全面地认识及物性的本质特征，并解释前期研究中遗留的难题，为更复杂的及物结构研究奠定基础。

基于以上目标，本书分析所用语料主要为英语，来自以下几个方面：首先是其他研究者的文献，但分析的角度与目的与原作者不同。其次是语料库中的语料，主要是英语国家语料库（British National Corpus，简称BNC），该语料库是目前世界上最具代表性的当代英语语料库之一，其容量超过一亿，由4124篇代表广泛的现代英式英语文本构成。最后，是作者加工的部分新语料。

在研究方法上，主要采取内省法。所谓语言内省是指语言使用者对认知中突显出来的语言的某些方面进行有意识的注意（束定芳，2013：20）。并不是所有的注意都可称为语言内省，只有对于听到或想到的内容不自觉地注意后而进行的有意识的注意才是内省。内省法是语言研究中不可缺少的重要研究方法。尤其是在认知语言学研究中，大量的理论探索和创新研究多运用内省法，正如塔米（Talmy，2007）所言，内省法是认知语言学的主要研究方法，并在认知语言学的发展中起核心作用。内省法对于研究可及性高的语言具有独特的优势，有时甚至是唯一可行的研究方法。

本书所指的内省包括两个层面，第一层指作者根据自己的语言知识、社会文化知识以及百科知识对语言及物性进行思考和判断；第二层指作者在对语言现象进行思考的基础上提出问题，提出假设，通过逻辑推理、大量的例证分析、阐释验证假设，并从而得出结论。内省法并不是纯粹主观的"拍脑袋"，我们在用内省法研究语言时还需要意识到社会、文化因素的重要性。同时，还要结合其他相关学科知识，如物理学中有关力、能量的基本概念和思想。

基于以上目标和方法，本书主要通过以下思路展开研究：

绪论介绍研究背景、研究目标和研究思路。

第一章为及物性研究的历史演进，主要通过不同研究视角，描述及物性研究的演进过程，主要可分为形式、语义、系统功能语法、类型学视角。传统语法和转换生成语法、关系语法都是重形式的研究，认为及物性是动词的次范畴特征，并且是一个二分概念；格语法和角色参照语法虽然增加了语义因素，但对及物性的认识并没有本质上的改变。这些语法理论对及物性的认识都较为粗疏，不够深入。系统功能语法将及物性视为实现语言概念功能的语义系统，更为广义，上升为上义词。类型学研究对及物性提出了具有开创性的观点，将及物性视为小句的特征，而不仅仅是动词特征，是连续体而不是二分概念，这些观点为本研究奠定了基础。但类型学研究没能对及物性的偏离进行充分描写，也未能发现影响及物性变化的语义、句法特征之间的相互联系，更没能解释语言现象背后的原因和认知机制等。认知视角的及物性研究还有待进一步深入、系统化。

第二章为认知语言学视角的及物性，主要论述及物性是小句层面而非动词层面的特征，同时阐述本书中所指的小句，是认知语法理论体系中的小句，对于小句中不同成分的定义、概念不同于系统功能语法，因此，本章是对小句及其认知语言学相关概念的理论阐述。

第三章为小句及物性的层级性表现及其语义关系。从认知语法的基本理论和思想出发，阐述了及物性定义。及物性是一个语义概念，是情景事件的概念化，通过小句结构得以表达。及物性的意义也就是小句所描写事件及事件参与者关系的概念化。及物性是小句的属性特征，并且具有层级性。本章分为两个部分，第一个部分主要是相关核心概念的论述，第二部分重点描写非典型及物性的表现方式，即偏移典型的路径、方式。及物性体现典型效应，有典型成员和非典型成员之分，及物性范畴内成员不同程度地偏离典型成员。可能偏离幅度较小，仍具有较高及物性；也可能偏离幅度较大，只具有较低及物性；甚至偏离幅度很大，导致及物性极低或几乎无及物性。进一步解释非典型及物性生成的认知机制。同时，论述及物性的语义关系，主要从物质域、心理域和社会域进行描写。

第四章主要探讨小句及物性与认知识解的关系，关注语言使用中的及物性，重视及物性研究的动态视角。本章参照兰盖克的识解理论，分别从详细程度和突显两个大方面论述了由识解而导致的及物性变化。在相同情景下，由于认知主体识解维度的不同，最终编码出不同的小句，体现出高低不等的及物性，这可以充分证明及物性具有动态性特征。识解并非任意发生，而是受到多种因素的调控，共同构成影响及物性变化的识解机制，因此，客观情景与认知主体所编码的小句体现的及物性不是一种镜像关系。

第五章采取自下而上的视角，详细分析小句层面的各个成分对及物性的影响，尤其是小句及物性较大幅度的偏离典型，即去及物化。根据认知语法，小句成分总体可分为小句核心成分和非核心成分。其中，核心成分涉及小句所描写事件的类型及参与者，是最为核心的小句去及物化因素，非核心成分涉及事件的其他方面内容，但也具有去及物化功能。

结论与展望，指出本书研究的主要结论和发现，并在此基础上展望及物性未来研究的方法、话题。

第一章 及物性研究的历史演进

第一节 形式视角研究

较为早期的及物性研究，主要是聚焦语言形式，忽略语义的研究视角，包括传统语法、转换生成语法和关系语法。关系语法虽然强调意义的作用，但在本质上仍过分依赖语法关系，因此，本书也将其归为形式视角的研究。

一、传统语法视角

所谓传统语法，在本书中主要指转换生成语法出现以前的语法。传统语法最关心的问题是描写组词造句的语法规则。词性、词类是尤为重要的概念，因为词尾变化形式和句法规则的描写都依赖于词类的划分。传统语法根据语法功能将词划分为名词、动词、介词、副词等小类。然而词类是一个多层级的系统，在每一个词类内部还可以根据细微差异进一步划分出次类，如英语的动词可分为及物动词和不及物动词，及物动词可带宾语，不及物动词不带宾语。及物动词指后面需要跟一个或一个以上的宾语或补语使其意义完整的动词；不及物动词指后面不需要跟任何词使其意义完整的动词（LaPalombara，1976：42）。可见，及物性这一概念在传统语法中是动词特征，是一个与动词后面是否带宾语密切相关的语法范畴。传统语法框架下的及物性可以说是一个句法概念，是完全形式上的，其定义可概括为：

①及物性小句含有直接宾语，其中动词代表的一种动作或行为从主语传递到宾语，宾语受到该行为的影响，产生某种变化。及物性小句可转换成被动句。

②非及物性小句没有宾语，也没有行为的传递。

（Tsunoda，1999：383）

及物性还被定义为：

及物小句包含一个宾语，某种活动或某个行为从主语传递到宾语。通常还补充说，宾语受到该活动的影响，并且及物小句可变为被动小句。不及物小句没有宾语，没有活动的传递。

（Hartmann and Stork，1972：155—156）

关于及物性定义的类似描述还有：

有一点需要强调的是：及物性是一个句法问题。当我们说到一个小句存在某种及物性，或者说一个动词有某种及物可能性时，我们都是在描述它们的某种句法特征，而并非语义特征。如果说一个动词在语义上是及物的或是不及物的，似乎显得很不合理。更恰当的说法大概是该动词的语义表征符合句法层面的及物性表征。

（Dixon，2000：116）

根据以上定义和论述，及物性似乎是一个十分简单的句法问题，与语义没有关系，只是纯粹的形式问题，与动词是否带宾语直接相关，是与动词自身特征有关的语法范畴。及物动词所在的及物小句和不及物动词所在的不及物小句是泾渭分明、相互对立的。如以下例句所示：

（1）John killed the boy.

（2）That little boy resembles my nephew.

（3）I hear you.

（4）I have many books.

（5）The flower grew.

（6）Jim died yesterday.

从形式上来看，以上所举前 4 例中的动词都是及物动词，有及物性，动词后都跟有宾语，使得动词意义完整，及物动词所在的小句都是及物小句；而后两句中的动词则为不及物动词，没有及物性，动词后没有宾语，不及物动词所在的小句都是不及物小句。大量的英语小句依照动词是否带宾语被一分为二地划分为两个不同的范畴，即及物小句和不及物小句。及物小句按照前面的定义在形式上都是相同的，且都有被动形式。然而，传统语法的目标是追求一种对语言描写的概括性和全面性，使之能够适用于不同语言语法的教授，但与此同时忽略了语言分析的深度和细度。如果更仔细地分析前 4 个及物小句，我们会发现这种传统的、简单的二分法具有较大局限性，也因此降低了它的解释力。句（1）有明显的动作传递，从主语 John 传递给宾语 boy，并使之发生某种变化。然而句（2）—（4）中虽然动词 resemble、hear、have 都是及物动词，但主语和宾语之间并没有句（1）中的那种动作或行为的传递。句（3）如果说有行为的传递，那也是与句（1）完全不同的另一回事（Lyons，1968：350）。句（2）、（4）似乎根本没有涉及任何行为或活动，更像是一种静止的状态，并且两句的被动形式也令人难以接受，如下所示：

(7)　*My nephew is resembled by that little boy.

(8)　*Many books are had by me.

通过以上分析，句（1）—（4）虽然都是主语+谓语动词+宾语的形式，但是这四个小句又不完全相同，句（4）最不像及物小句。不难发现四个及物小句的确存在句法行为上的差异，比如上述的被动形式的合法性不同。究竟哪些因素影响及物小句的被动潜势呢？传统语法没有作出合理的解释。传统语法所认为的及物性问题等同于动词带宾语，即及物性就是动词和宾语的一种语法搭配能力的观点，把问题过于简单化了，还带来了诸多弊端。比如，有一些被视为非及物小句的，却反而有被动形式，用下面的例句予以说明：

(9)　John bumped into the car.

(10)　The car was bumped into by John.

(11)　The sniper fired at John.

(12)　John was fired at by the sniper.

（Rice，1987）

从传统观点来看，句（9）和（11）都被认为是不及物小句，但它们却都有被动形式。在我们的语言使用中，诸如句（2）—（4）、（9）和（11）这样的小句数量不在少数。可见，传统语法对于及物性的这种简单的二分观点在类似的大量语言事实面前显得过于粗疏，缺乏解释力。

传统语法将及物性等同于动词的一种区别性特征，将带宾语和不带宾语作为及物动词和不及物动词的规定性类特征，动词被划分成了及物动词和不及物动词两个大类。这一分类的优势在于可以很干净、完整地将动词划分为两个相互排斥的大类，并且各类别内部具有较高的同质性。然而，在绝大部分语言中，包括英语，动词的次范畴特征是更为灵活的，比如有双及物动词，既可以作及物动词又可作不及物动词，以及只在一些约定俗成的使用中才作及物动词（如 walk a dog）。简言之，真实的语言中动词次范畴特征要比非此即彼的情况复杂得多。如下几例所示：

（13）She remembered you.

（14）I remembered.

（15）I broke the glass.

（16）The glass broke.

句（13）和（14），（15）和（16）中的动词分别相同，但小句所含的论元数量却不同。在英语中，有大量的类似动词存在。及物动词不及物化和不及物动词及物化的情况十分常见。这种现象的存在向我们提出了一个重要问题，即这些动词究竟应该如何分类，似乎只能通过既是 A 又是 B 来解决。但即便如此也会出现问题，动词的范畴内部可能出现对立的情况，比如动词 break 和 hit 都归属为及物动词范畴，但 hit 并不能像 break 一样出现在类似句（16）的小句当中，这一现象表明及物和不及物的划分使得问题过于简单化。动词题元栅存在扩大和缩小的复杂情况：不及物动词带宾语或者及物动词变为双及物动词就是题元栅的扩大，及物动词不带宾语就是题元栅的缩小。题元栅的扩大或缩小揭示了动词论元数量不恒定、动态变化的属性特征。基于此，静态地看待一个动词，而不将其放在具体的使用中去考量，又如何能清晰地描写其及物性呢？因此，传统语法将及物性等同于动词的一种静态的区别性类特征，将及物性视为一种形式上的相互对立的二分概念的做法并不能很好地描写语言事实，更不能合理地对其进行解释。

二、生成语法视角

自 1957 年乔姆斯基的著作《句法结构》问世以来，他提出的转换生成语法的观点和思想逐渐在当代语言学研究中产生重大影响。尽管经历了不同的发展阶段，但其基本假设是基本一致的，如人类语言知识的天赋性，语言中存在的普遍语法等。他视语法本身为一个模块系统，句子结构的复杂多样由系统内部各个子系统之间的相互作用而决定。每个子系统都是一套制约人类语言的普遍原则（王钢，1988：145）。乔姆斯基与索绪尔有一个共同的认识，即都主张语言研究的对象不是语言运用而是语言能力。在乔姆斯基的理论中，所谓语言能力是人脑的特征之一。人脑的初始状态应该具有一切人类语言共同具备的特征，它是人类通过生物进化和遗传先天获得的，是不需要学习的，称之为"普遍语法"。乔姆斯基重视对普遍语法的研究，认为这是语言理论研究的最终目标。这种普遍现象有两种形式，其中之一是形式普遍。形式普遍现象指语法要满足的抽象条件。比如一切语法的句法部分都要包括转换规则，使深层结构的意义表达于表层结构之中（刘润清，1995：210）。

深层结构（deep structure）和表层结构（surface structure）是乔姆斯基理论中的一对重要概念。深层结构指人在使用语言前存在于头脑中的句子结构，是抽象的，是形成说出口的句子的基础；表层结构是深层结构通过转换规则形成的，是说出口的句子的最后形式（赵美娟，2007：21）。深层结构反映语言的普遍性，而表层结构只是深层结构的一种音、形表达方式，不能表达意义以及句子的句法关系。那么，不同句子类型的生成是通过一种规则转换手段将一种小句转变成另一种小句。某些句子类型如被动句、否定句、疑问句等被认为是由简单的、主动的、肯定的陈述句或是核心句经过不同的转换过程生成的。如下几例所示：

(17) The man opened the door.

(18) The door was opened by the man.

(19) The door was not opened by the man.

（刘润清，1995：227）

句（17）是核心句，只通过强制性（obligatory transform）转换，后两句则不同，通过了任意性转换（optional transform）。句（18）是核心句（17）经过被动转换而生成的，而句（19）则是其经过被动否定转换生成的。因此，以上三个小句是紧密相关的。

乔姆斯基理论中另一组重要的概念是语言能力（language competence）和语言表现（language performance）。宁春岩（1982）总结了二者之间的区别，可基本概括为：语言能力是潜在的、长久的，具有人类种属普遍性质，这种能力的形成以遗传信息和固有结构为内因，以环境条件为外因。一旦形成就不会发生质的变化。

而语言行为则是表象的、瞬时的，是在语言能力形成后，在同其他系统的相互作用下发生的，带有鲜明的随机性和个体性。语言表现是说话者在某种特定的语境下对所掌握的语言知识的具体使用，因为语言能力是潜在的、看不见的，所以只有通过外在的语言行为对其进行描写。

乔姆斯基还区分了另外一对类似的概念，即内化语言（I-language）和外化语言（E-language）。内化语言类似于语言能力，指存在于人大脑内部的语言规则和语言知识，而非人与外在事物发生的联系，是表征在某一特定大脑中的体系（Chomsky，1988：36）；相反，外化语言类似于语言使用，是独立于人的心灵特性在特定环境下所使用的话语。乔姆斯基认为语言研究的目的不应该跟布龙菲尔德的结构主义和以弗斯为代表的伦敦学派一样，关注对外化语言的描写，而需要把内化语言作为研究对象，发现人大脑中的知识。

乔姆斯基的语法是普遍语法，是人类心智中知识体系，语法的目标就是发掘普遍规则，这些规则能预示语言使用者可能说出的其他所有话语（方立等译，1990：23）。

及物性在传统语法中与被动有关，及物小句可以被动化。在转换生成语法中，主动句和被动句被视为具有相同深层结构的表层结构，后者是前者在经过一种简单的被动转换规则后生成的。被动本质上就是一种移动规则，该规则允许小句中的主语和宾语交换位置，将宾语向前移动到主语的位置，并且添加一个补语成分。大致可表示如下：

We　will　build a house.→A house will　be built by us.

$[NP_1][Aux][V]$　　$[NP_2]$ → $[NP_2]$　$[Aux]$be en　by $[NP_1]$

X1　X2　X3　　X4　→　X4　X2　be en　by　X1

　　由与主动句对应的核心句生成英语被动句的过程中要经过结构分析和结构变化两个步骤。在该转换过程中语符列的次序得到重新安排，并且还可以增加或删除一些词素。核心句和生成句被认为享有共同的深层结构，而且两者之间没有任何意义上的差异。上述主动句的树形图可表示为：

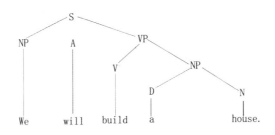

图 1-1　及物小句句法关系树形图

　　在上图中，一般及物小句中的句法关系清晰地体现在由树形图或短语标记（phrase marker）所示的这一等级系统中，各成分之间的关系很明显。比如动词 build 和名词 house 之间不能直接发生关系，因为它们不受同一个节点（node）的支配。基于此，小句的主语和宾语的定义不是依赖于词汇，而是与这些支配关系有关。主语指 NP 与直接支配它的小句 S 之间的支配关系，可写为［NP，S］，而宾语则指 NP 与直接支配它的 VP 之间的关系，写为［NP，VP］。可见，主语和宾语都是指一种支配关系，在不同的句型中这些关系是不变的，如动词和名词的组构关系都是相同的。也就是说，不同结构中的主语和宾语关系是同质的，而事实上不同的及物小句之间，主语和宾语存在语义上的差异。在转换生成语法之前的传统语法中，及物性是由直接宾语的存在与否而决定的；在转换生成语法体系中，直接宾语就是一种生成概念，因为它是由在小句的线性的语符列中的位置决定的。如果说传统语法中的及物性概念还带有些许语义色彩，如及物小句中有某种行为从主语传递到宾语，在转换生成语法理论下的及物性无疑是一个纯粹的、完全形式上的概念，与语义没有丝毫关系。及物性被认为与严格的动词次范畴限定特征有关。比如动词 kill 和 go 可表述为：

kill：categorical features：［+V，-N］

Subcategorisation features：+［NP］

go：categorical features：［+V，-N］

Subcategorisation features：-［NP］

在对动词范畴特征的描写中，第一行描写的内容表示它们属于动词范畴，而不是名词范畴；第二行中，通过正号（+）和负号（-）表示动词的次范畴特征。从上述描写可知，动词 kill 的次范畴特征为后面可以直接跟名词短语，而动词 go 的次范畴特征为不能直接跟名词短语，这也就是传统语法所说的及物动词和不及物动词的区分。有些动词存在两种情况，既是及物动词又是不及物动词，如下两例所示：

（20）As I ate，Dr. Livesey told me their story.（BNC）

（21）We ate better in Hall at Oxford.（BNC）

这类动词可表示为：

eat：categorical features：［+V，-N］

Subcategorisation frame：［NP］，［ø］

动词 eat 的次范畴特征为：后面既可以直接跟名词短语，也可以不跟名词短语。动词对同时出现的名词有一定限制作用，称为动词的选择限制，如有生命、无生命，人类的、非人类的，使之

符合动词的要求，否则可能生成一些不符合规范的句子，如用 S→
NP + VP、VP → V + NP 这两条规则，可能得出①"John eats
peanuts"，②"Peanuts eats John"两个小句，然而根据动词选择限
制，动词 eat 前面名词的限制选择规则为：主语只能是有生命的生
物体。因此，像句②这样不合格的句子就不会生成了。通过传统
语法的被动化规则，句子的宾语被被动化，因而移动到主语位置，
也就是转换生成语法的名词移位转换规则（NP movement）。被动
结构中的主语被认为是宾语从初始状态的动词后的位置向前移动
形成的，宾语向前移动后在宾语的位置留下一个痕迹，其他名词
不能占据该位置。在下例中标注为"—"：

（22）The car will be put—in the garage.

（23）［The car］will be put the bike in the garage.

（24）-will be put［NP the car］［NP the bike］［PP in
the garage］

（Radford，1988：422）

被动句的主语 the car 就是从符号"—"所标注的位置向前移
动的。之所以句（23）不成立，不能在动词后添加另一个名词短
语，原因在于句（23）的深层结构是句（24），动词后面跟了两个
名词短语，不符合该动词的次范畴特征。由于深层结构不合法，
其表层结构也就不符合语法。根据这一规则，前文中的小句（2）
也应有被动形式，动词 resemble 后面的名词短语 his nephew 也应该
可以前移到主语的位置。但该小句并没有被动形式。从纯粹形式
角度似乎难以解释这样的语言事实。另一个难以解释的问题是前
文中所提的动词加介词的情况，例如前面所举的 bump into 和 fire
at，它们所在的小句都有被动形式，介词后面的名词短语更像直接

宾语，这似乎与转换生成语法中被动结构的名词移位转换不相符。根据该规则，只有直接跟在动词后的名词短语才能向前移动，生成被动结构。乔姆斯基认为类似这样的短语更像是介词短语，因为动词和介词可以分开，但介词的宾语的被动化有严格的限制条件。比如动词和介词之间不能插入其他成分，否则不能被动化。如：

(25) He shouted angrily at his wife.

(26) ＊His wife was shouted angrily at by him.

虽然在主动句中动词和介词之间可以加入其他成分，但是其被动形式却不合法。因此，类似 shout at、fire at、bump into 这种介词短语的被动形式被认为是形成了一个新的独立单位，一种复杂的动词，但这种说法与句（25）的情况相互矛盾，其动词和介词之间可以插入其他成分。总体来看，生成语法在处理前述的这种动词和介词的被动问题时，要么看成复杂动词，要么是一个语义单位，主要思路都是要将该种小句结构视为 V+NP，使之符合及物动词次范畴特征，后面跟直接宾语，因此可以被动化，这属于形式上的规则问题，并没有讨论动词与论元之间的语义关系等问题。可以说，这一理论下的及物性仍然是动词特征，并且与是否跟直接宾语相关，所以依然是一个非此即彼的二分概念，对于一些及物小句没有被动形式的难题也未能作出合理解释。

乔姆斯基后期的研究也出现了语义转向，表明转换生成语法的研究也逐渐转向重视词汇语义描写的充分性，同时简化规则，也就是向"大词汇，小规则"研究的转向。后期的管约论（government-binding theory）就是这一思想影响下的产物。管约论中所有转换规则被简化为"移位 $\propto$"，$\propto$ 代表任何成分。繁多的转换规则被更为抽象和综合的原则所代替，以防止生成不合句法的句子，这些原则既有独立性又相互联系，形成复杂的体系。管约论下的表层结构更为丰富，比如被动句。

（27）NP was read the book.

（28）The book was read t.

（徐烈炯，1984：4）

句（28）是句（27）的被动形式，句中可以看到名词短语 the book 往前移动后留下的痕迹。the book 之所以能够前移，是因为句（27）的深层结构中有一个空位 NP，the book 是动词 read 指派的一个题元，使主目可以发生 ∝ 移动。小句中各成分之间的语法关系是由约束原则来确定的。管约论下，及物性还是生成性的，有主动和被动形式，管约论要求词库作为语法的重要组成部分应该表明各个词项的特点，尤其是句法特征，包括语类特征和语境特征。动词后能不能跟名词短语作宾语都是动词的句法特征，在词项中应该列举出来。实际上，一些不合规则的现象都在词项中标出，比如动词 resemble，可以跟直接宾语，但没有被动形式，针对这些特征，管约论并没能给予充分解释。

就及物性问题而言，管约论可以说还是与动词直接相关，同时动词的所有语法、语义特征都通过词项列举出来，所以该理论可归属于一种词汇视角。但及物性在管约论框架下仍是一个二分概念。在词项中，动词被分为及物动词、不及物动词，或者两者皆可。我们不难观察到该理论中的题元分配和格分配是分派给一个空位而非具体名词，在被动形式中之所以可以移位，是因为该空位的存在使得移位成为可能。从本质上说，这仍是一种句法工具，该过程是一个形式的过程。

简言之，转换生成语法与传统语法理论下的及物性本质上是基本相同的，可概括为形式的，是动词特征，是非此即彼的二分概念。这种观点对于及物小句多样化的句法表现行为难以作出合理解释，也没有关注到小句中主语和宾语的不同语义关系问题。我们的语言现象有大量不符合规则的情况，完全忽略语义，仅依赖形式规则来解释大量的非规则现象，显然是难以充分进行的，我们的语法应该建构一套连贯手段（coherent device）来解决这些例外情况。

三、关系语法视角

我们之所以要简要提及关系语法，主要原因在于它是以论元为中心的语法理论，而及物性与动词及其论元有一定关系。关系语法是 20 世纪 70 年代由帕尔穆特和波斯塔尔等建立起的一种句法理论。关系语法学家在研究了大量不同语言的基础上，对乔姆斯基的生成语法理论提出了挑战。乔姆斯基用树形图中的节点关系定义句法关系，如"主语被定义为受句子直接控制的名词词组，直接宾语是受动词词组直接控制的名词词组"（姚岚，马玉蕾：2003：98）。但这种定义并不能适用于所有语言，有些语言并不是 SVO 结构，还可能有 VOS 或是 OVS 结构，另外，有些语言跟英语不同，是非组构性的语序。词序因语言而异，因此被认为不具有语言的普遍性。关系语法想要通过既定的句法关系来描述不同结构之间的共性特征，以发现语言普遍共性和描写语言结构差异为目的。

关系语法同样将主动形式的及物小句与其对应的被动形式视为形式转化关系，没有意义上的差异。在关系语法中，语法关系如主语、宾语被认为是给定的原始概念（primitives）。每一个语言结构都可以通过关系网络进行描述，而此网络有不同层次之分，通常有两个层次，一个是起始层，另一个是终极层，类似于生成语法的深层和表层结构。语法关系由"关系符（R-sign）表示。常用的关系符有 1、2、3，分别表示主语、直接宾语和间接宾语，统称为项关系符（Term R-signs），其中 1 和 2 称为核心项关系符（Nuclear Term R-R-signs）"（金顺德，1988：10）。用以下主动句和被动句为例说明句法层次图：

（29）Mary killed John.

（30）John was killed by Mary.

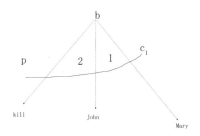

图 1-2　主动句关系语法图

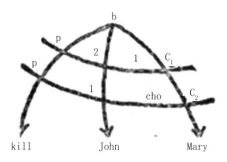

图 1-3　被动句关系语法图

上两图中节点 b 表示整个小句，p 表示谓词关系，横向弧线表示层次，C_1 表示起始层，C_2 表示终极层。主动句（29）的句法关系如图 1-2 所示，其中包括一条弧线，说明该句只有一个层次，起始层和终极层相同，因为在起始层通过语义确定的句法关系正好和起始层通过格关系确定的语法关系相吻合。数字 1、2 分别是元素 Mary 和 John 相对于 b 在层次 C_1 所具有的语法关系。图 1-3 描写被动句（30），其中包括两条弧线，说明该被动句有两个层次，在起始层 C_1 中，John 对节点 b 含有 2 项关系，而在终极层 C_2 中，对节点 b 含有 1 项关系，Mary 在起始层中对节点 b 含有 1 项关系，然而在终极层却是休免关系。休免关系为关系语法首创概念，当 John 在第一层的 2 项关系通过升级转换为第二层的 1 项关系时，原来持 1 项关系的 Mary 则因为在该层有了相同的项关系而只能降位，降位为既非主语又非宾语的退位语，即构成休免关系。

通过图 1-2 和 1-3 可知，句（30）是句（29）所代表的起始层通过转换派生而来。两图可以很清楚地反映不同句子结构之间的转换关系，如主动句和被动句之间的转换。用这样的关系网络（relational network）来描述句法结构的意义在于，尽管因语言不同，语言排列顺序会不同，但各成分之间的这种关系是肯定存在的，因此可以视为具有相同的语法结构，在语言共性方面确实有所进步。关系语法能够对一些语言现象作出跨语言的解释，如被动句可解释为：

　　主动句的直接宾语是相应被动句的表层主语。

　　主动句的主语既非相应被动句的表层主语，也非其表层直接宾语。

（姚岚、马玉蕾，2003：101）

显然，关系语法重点关心的是主动句转变为被动句的规则问题，而非语义差异问题。另一方面，关系语法强调语义的重要性，所假定的两个层次，一个根据语义角色来描述，另一个通过语法关系来描述。句子第一层的语法关系靠语义来决定，如句（29），根据论元的语义角色来确定 John 为宾语，Mary 为主语；像句（30）这样的被动句则要依赖它的起始层来描述语法关系。但关系语法忽略了一个重要问题，不是所有主语都像 1 那样，也不是所有宾语都像 2 那样，例如我们前面所提的有些看似及物的小句却没有被动形式，也就是说并非所有的二元动词都允许从 2 关系向 1 关系的提升操作。及物小句所表现出的不同句法行为的原因并不是它感兴趣的话题，因而关系语法对此的解释只能是出于某种语义考虑而给予一个例外的标记，这显然缺乏解释力。及物性问题从本质上讲依然与动词及其与论元搭配直接相关。关系语法虽然提到语义的重要性，但过于依赖句法关系，因此同样不能很好解释相同结构及物小句句法形式表现不一的及物性问题，这种从形式出发的语法理论还是没能更深入、全面地解释及物性的相关问题。

第二节 语义视角研究

从前文论述中可见形式视角的研究在大量的语言现象面前显得解释力较为单薄，面对各种语言现象的难题，似乎只能以"例外"来补充，由此，语言学家们开始寻求新的视角，语义开始受到学者们的重视。格语法、角色参照语法都属于重视语义的理论。

一、格语法视角

虽然 20 世纪 60 年代后半期，生成语法开始转向探索深层结构的语义完整性，但菲尔墨的格语法把深层结构或者说语言的基本成分赋予了更多的语义特征，并使用语义格来表示。菲尔墨（1968：24）认为，语义格是"一组普遍的也许是内在的概念，体现人们对周边所发生事件的判断，即谁做了事，针对谁做了事，产生了什么后果"。他通过对一些语言现象的观察，设定出一系列格关系、格角色。如以下几例所示：

（31）John broke the window with a hammer.

（32）The hammer broke the window.

（33）The window broke.

传统语法将句法成分划分为主语、宾语等，但它们之间的语义关系并不能通过这些标签表现出来，转换生成语法里的主语和宾语等的句法关系也只是在等级系统中的节点支配关系。句（31）—（33）中的名词短语如 John、hammer、window 都可以做小句主语，但这些名词在小句中的语义角色并非完全相同。菲尔墨指出，像传统语法和转换生成语法所设定的句法范畴信息如主语、谓语、宾语、定语以及名词、动词、形容词等，无法区分如上例所示的语义层面异质的主语。菲尔墨认为它们都可以标记为不同的 NP。为了解决该问题，他设定了一系列的格关系来划分小句中出现的每一个名词，深层结构体现每一个名词与动词之间的格关系。这些格角色（case roles）独立于任何一个具体发生的事件，之间存在一种层级关系，格的层级性指导或决定小句中的句法关系，特别是主语的选择。菲尔墨常用的 10 个格角色大致包括施事格、工具格、受事格、使成格、处所格、客体格、受益格、源点格、终点格、伴随格。句（31）和（32）的主语的语义格不同，John 是施事格，hammer 是工具格。

当多个名词出现在同一小句中时，作主语的名词一定是格角色层级体系中地位最高的。格层级可表示为施事格（agent）>工具格（instrument）>受事格（patient）。也就是说，如果有施事格，那么施事格做主语；如果没有施事格，那么工具格做主语；如果前两者都没有，那么宾格做主语。这就是格语法的主语选择原则。可见深层格在确定表层句法关系时的重要作用，它是格语法解释语义和句法现象的基本工具，但是菲尔墨本人也很难给出一张清楚的格清单，而且在不同时期，他的格名称标注也有所不同。究竟存在多少种格，事实上是很难确定的。在被动句的生成问题上，菲尔墨认为及物小句的被动形式在格语法中就是违反主语优先权顺序而生成的。如下例：

（34）The door was opened with a key by John.

（刘宇红，2011：7）

在有施事格和工具格的前提下，宾语名词之所以充当了主语，因为句子是被动句（刘宇红，2011：6）。而且在主语和宾语的位置不一定是施事和受事，其他的格角色都有占据该位的可能。比如：

（35）This key opened the door.

（36）The door was opened by this key.

（刘宇红，2011：7）

在被动句（36）中，主语位置的 door 是受事格，由 by 引出的

this key 是工具格。这种被动句式拥有的特权仍然存在问题，并不能解释以下两句的句法差异：

（37） *The key was opened the door by John.

（38） The door opened with a key.

（刘宇红，2011：7）

句（37）在有施事格的前提下，工具格并没能充当主语，而句（38）的主语违反了优先权顺序，在有工具格的前提下，宾语 the door 充当主语，而小句却是主动形式而非被动形式。对于前文所提的 resemble 小句没有被动形式的难题，菲尔墨虽然把该动词前后的两个名词视为不同的语义格，第二个名词短语作为一个标准，根据该标准来对第一个名词短语所代表的实体进行描写，但是并没能解释其被动形式不合法的原因。

菲尔墨所列举的语义格的另一个不足之处是其并不能充分地描写及物小句结构，有些小句的格角色难以确定，如以下及物小句：

（39） Last year saw great changes.

（40） John scratched Lily.

（41） The wind opened the door.

（42） The flower pleases Mary.

句（39）中的 last year 应该归属于什么格呢？如果说是感受格，只能是有生命的实体才可能具有体验性和感受性。再例如句（40）中的主语和宾语并不止充当一个角色，该句中的宾语 Lily 既是受动作影响的受事格，同时也是感知"痒"的感受格。句（41）中的主语 the wind 究竟应该像句（31）中的 John 一样是施事格，还是像句（35）中的 this key 一样是工具格？它似乎与两者都不相同，那又该归属于什么格呢？句（42）中的主语 the flower 语义上不是施事，它不可能有意识地发出任何动作，那么它在此处又是什么格呢？似乎更像是引起体验者 Mary 心理情感反应的刺激物。

从上述例句分析可见，及物小句中的语义关系比有限的语义格复杂得多。具体事件中的情况可能非常复杂，并且会不断产生新角色，要准确地预先确定出准确的语义格显得不太现实。格语法的主要问题在于它是以动词为中心的，词汇关系难以合理地定义、区分语义格，而且语义格的载体只能是动词周边的名词类成分，从而忽略了形容词、小句副词等的作用。同时，及物小句的主动和被动形式仍然是由规则决定的。虽然看似设置了语义格，但两种句式的转换还是与规则直接相关。菲尔墨的格语法理论依赖格角色这一单一平面，把句子所描述的事件跟句子结构联系起来，直接用格去解释句子的语义和句法现象。这种方法比较简捷，可是一旦用来全面、细致地描写自然语言，却遇到不少问题，特别是格的数目和变异这个难题十分棘手（杨成凯，1986：110）。

二、角色参照语法视角

及物性在前文所提的语法理论中都被认为是动词的一个重要特征，并且与动词的价直接相关，那么在角色参照语法中，及物性是否跟传统语法等语法理论所认为的一样，由动词跟直接宾语决定呢？增加了哪些语义维度呢？

首先，我们先弄清角色参照语法的主要思想和主张。角色参照语法（Role and Reference grammar，以下简称为 RRG 语法），由范瓦林和罗仁地教授（Van Valin & R. LaPolla，1997）提出，认为动词的价，即由尼埃尔（Tesnière，1953）所指的动词价，为动词所带论元的数量，不仅是句法层面的，而且还是语义层面的。根据该主张，动词价可以进一步划分为以下三种：句法价、语义价和宏角色价。动词的句法价指外在表现出来的句法形态上的论元数量；动词的语义价指某个具体动词所带的语义论元数量。之所以如此划分，是因为通过对不同动词的考察，研究者发现语义论元和句法论元并不总是一致的，如下表所示（LaPolla, R. J., et al., 2011：476）：

表 1-1　参照语法中动词语义论元与句法论元

	Semantic valence	syntactic valence
rain	0	1
die	1	1
eat	2	1or2
put	3	3or2

从语义上分析，动词 rain 不需要任何论元，因此语义论元为零，但英语中所有的简单句都必须有一个主语，所以它拥有一个句法论元。对于动词 die 而言，其语义和句法论元是一致的，分别有一个。动词 eat 从语义上讲需要两个论元，即动作的发出者和被吃的东西，但在句法形态上可能有一个论元（如"He ate"），也可能有两个论元（如"He ate an apple"）。动词 put 语义上有三个论元，即动作发出者、被放的物品以及放置的地方，但在句法表现上可能出现三个核心论元（如"He put the bag on the table"），也可能只有两个（如"He put the bag away"）。可见，只用句法论元并不能充分地描写动词的特征，还需要细分出语义价，这表明角色参照语法重视语义的作用。

在 RRG 语法中，及物性并不等同于动词的句法论元数量（即句法价），需要依赖动词的语义宏角色（macrorole）来进行定义。

宏角色是动词的论元类型的概括，它不是指某种具体的论元，而是涵盖了很多其他小句中的具体论元类型。比如施事类型的角色概括为行为者（actor），包括施事、体验者和所有者等，既可以是有生命的也可以是无生命的；受事类型的角色概括为承受者（undergoer），包括受事和接受对象等。如果按照传统语法的主张，将及物性与动词的句法论元数量直接关联，那么小句的句法行为可以通过动词的论元数量而预测出来。比如同样有两个论元的动词eat构成的及物小句，可推测表现出相同的句法特征，但是情况并非如我们所推测的那样，如以下几例所示：

（43）Anna ate the spaghetti in five minutes.

（44）The spaghetti was eaten by Anna in five minutes.

（45）Anna ate spaghetti for five minutes.

（46）Spaghetti was eaten by Anna for five minutes.

句（43）和（45）两个小句中的动词eat都有两个句法论元，都是及物动词，但它们的句法表现并不相同，前一句有被动形式，而后一句却没有被动形式。句（43）表示完成行为的小句有两个语义宏角色，即行为者和承受者；而句（45）表示活动的小句，其中只有一个语义宏角色，即行为者，因为该句中的spaghetti是非指定性的，并没有指定出该活动中受影响的某个特定的参与者，所以不是承受者，该句中只有一个语义宏角色，不能在被动形式中放在主语的位置。同时，两句中动词的活动类别（aktionsart）有差异，即动词动相不同，一种是结束，一种是活动。句（43）中动词的用法所描述的是有结束时间点的有界（bounded）事件，与表时间点的时间状语in five minutes相匹配；而句（45）的活动类型却是无界的（unbounded）活动，与表时间段的事件状语for five minutes 相匹配，这跟不及物小句表达的活动十分相似，因此表现出与不及物小句相同的句法行为。可见，将及物性视为动词特征，与动词的论元数量直接相关，纯粹句法的定义在大量语言现象面前显得站不住脚，缺乏解释力。

RRG 语法认为，虽然两句都有两个句法论元，但只有表动作结束用法的小句才同时拥有两个宏角色论元，表活动用法的小句只包含一个宏角色论元即行为者。由此可见，造成两句句法差异的不是句法论元价，而是宏角色论元价。这一认识否认了形式视角对及物性的论断，表明及物性不是纯粹句法的，需要借助于语义宏角色的数量来定义。语义宏角色的数量只能等于或少于某动词的逻辑结构中的论元数量，如下表所示（LaPolla, R. J., et al., 2011: 476）：

表 1-2　参照语法中动词的语义宏角色

Semantic	valence	Macrorole number	M-transitivity
rain	0	0	Atransitive
die	1	1	Intransitive
kill	2	2	Transitive
put	3	2	Transitive
give	3	2	Transitive

动词 put、give 逻辑结构中有三个论元，但它们的宏角色却只有两个。根据该表，及物性便会出现三种可能情况。通常含有两个语义宏角色的动词是及物动词，只含有一个宏角色的动词是不及物动词，而没有宏角色的则称为非及物动词。宏角色被认为是句法和语义的接口，用宏角色数量来定义及物性，无疑是对前文所述的及物性只是一种形式上的论元数量问题的观点的一种反对。

RRG 语法对于及物性的认识可归纳为以下几点：第一，它是由形式向语义的转向，通过语义宏角色数量定义及物性强调了语义的重要核心地位；第二，对于及物性的定义以动词为中心，本质上也属于一种词汇的视角，因此，及物性还是指动词的及物性，是动词的重要特征；第三，及物和不及物的差异实际上主要依赖于是否有承受者这一宏角色，也就是说依赖于宾语是否是一个个体性的、特指的受事论元，这与后面将要提到的类型学中的个体性（individuation）参数十分类似。总体而言，虽然 RRG 语法重视语义，但及物性依然是与动词的分类有关，而这三个类别依然是相互对立和排斥的，但事实上，及物小句之间也是有区别的，而并非完全相同的，比如句（2）、（4）就没有被动形式。此外，宏角色的确定还是要依赖于已经设定的语义角色类型，这必然会出现菲尔墨格语法中的格难以设定的问题。小句（1）、（3）中的动词，显然有两个宏角色，而句（2）中的动词 resemble 应该有几个宏角色呢？宏角色的设定本身就是一个难题。

第三节 系统功能语法视角研究

系统功能语法可以说是语义转向的进一步延伸。韩礼德（Halliday）的系统功能语法（systemic-functional grammar）将语言功能置于中心位置，在该理论框架下，及物性系统是一个十分重要的话题。韩礼德不仅对及物性系统有大量丰富翔实的论述，而且产生了深远影响。系统功能语言学与前文所述的转换生成语法、关系语法、格语法等不同，它十分重视语言在社会学方面的特征，最关心的问题是语言的社会功能是什么，以及人们如何通过语言系统完成这些社会功能。语言被视为社会活动的产物，是人际交往的工具，拥有多种功能。

韩礼德认为语言有三大元功能，即概念功能、人际功能和语篇功能（Halliday，2000）。概念功能指人们用语言来谈论他们对周围世界的认识和感受，用语言来描述周围发生的事件或情形等（程晓棠，2002）。概念功能包括及物性（transitivity）、语态（voice）和归一度（polarity）（胡壮麟等，1989：71）。及物性系统就是概念功能的重要组成部分，概念功能主要通过及物性系统得以实现。及物性系统是个语义系统，其作用就是通过小句这一结构形式来传递人们的经验意义：把现实世界里所发生的事情分成若干种过程，并指明与各种过程有关的参与者（participant）及环境成分（circumstantial element）（龙日金、彭宣维，2012：7）。及物性系统用来表示参与某种交际的人之间的某种关系，以及参与者的活动、状态或环境之间的关系，说话时往往要包含一种过程（刘润清，1995：309）。

以上描述表明，及物性系统的核心是小句结构，而小句结构的核心是过程，过程是由动词词组来体现的。根据小句语义句法特征的不同，及物系统大致包括六种不同的过程：物质过程（material）、心理过程（mental）、关系过程（relational）、行为过程（behavioral）、言语过程（verbal）和存在过程（existential），每个过程都由参与者、过程和环境成分构成。

根据系统功能语法，过程主要是通过动词进行描述的，如 do、say 等，过程包括事件、状态和关系等，不同的动词词组决定不同的过程类型；参与者为涉及某种过程中的人或物；环境成分则是与过程有关的时间、地点和状态。通过以下例句说明：

（47）He broke the window.

（48）He ran away.

（49）John saw Mary on Tuesday.

（50）Beauty is only skin deep.

（51）She laughed heartily.

（52）I told a lie.

（53）There is a pen on the table.

句（47）为物质过程小句，表示某件事的过程。参与该过程的人或物包括动作者（Actor：he）和动作目标（Goal：window）。这样的物质过程小句既可以是主动形式，也可以是被动形式。句（48）也是物质过程小句，两者之间的区别在于该句只有动作者而没有目标。句（49）则为心理过程小句。心理过程是表示感觉、反应和认知等心理活动的过程。该过程有两个参与者，一个是John，是心理过程的主体，感觉者（sensor）；另一个是 Mary，被感知的现象（phenomenon），可以是具体的人或物，也可能是抽象的东西或事件。句（50）是关系过程。关系过程反映事物之间所处的关系，该句属于归属类，skin 是属性（attribute），而 beauty 是属性的载体（carrier）。句（51）是行为过程小句。行为过程指笑、哭等心理活动。只有一个参与者 she，是行为者（behavior）。句（52）是言语过程，指讲话交流信息的过程。该句包括 I，是讲话者（sayer），和 lie，是讲话内容（verbiage）。句（53）是存在过程，表示有某物的存在，仅有一个参与者 pen，是存在物（existent）。通过及物性系统，现实世界中的所见所闻、所作所为被分为以上六个过程，前三个是主要过程，主要过程还可以进一步划分。

及物性在功能语法中是个语义系统，具有自己的词汇和语法体现形式，它在映现人们对于客观世界的经验、建构不同的小句类型和结构等方面具有重要作用（柴同文，2007）。系统功能语法中的及物性与本书中的及物性有相似之处，即都认为与语义有关，与客观存在的事件有关。但也相互区别，系统功能语法的及物性又有所不同，它是一个更广义的语义系统，是语言的概念功能得以实现的方式。可以说，功能语言学中的及物性概念已经上升为一个上义词，既包括及物性也包括不及物性。功能语言学之前的研究几乎都是词汇视角，及物性被视为动词特征，功能语法的及物性与小句结构、事件表达有关，可以说是从整体视角考察及物性的开端，为类型学和认知视角的研究奠定了一定的基础。

第四节 类型学视角研究

一、霍伯和汤普逊的研究

以霍伯和汤普逊（1980）为代表的类型学研究开创性地对及物性进行了详细、深入的论述，并且取得了丰硕成果，具有重要和深远的影响。她们明确提出及物性不是只由动词特征决定的概念，而是整个小句的特征。及物性不是动词的及物与不及物、非此即彼的次范畴特征，而是与整个小句所表达的意义相关，并且是一个度的问题，及物与不及物构成一个连续体。及物性存在高低之分、典型和非典型之分。虽然在形式上都是 NP+V+NP 的形式，但是有的小句体现出较高及物性，有的小句体现出较低及物性，这就是及物性的层级性表现。在这样的认识下，及物性研究的核心话题有所拓展，如及物性高低判断参数等。接下来先简要勾勒霍伯和汤普逊的主要观点。

她们的研究对及物性提出了有别于前期研究的观点，主要包括：第一，及物性不是动词特征，而是整个小句的特征；第二，及物性不是一个单因素的语法概念，而是复杂的、多维的，与一系列的语义和句法参数紧密相关；第三，及物性是通过小句获得的一种关系，不是二分的概念，而是一个连续体，是一个程度概念，及物性高低与高及物性特征数量成正比。霍伯和汤普逊通过对多种语言的跨语言研究进一步指出，及物性是所有语言语法中的一种中心关系，如果小句在句法或语义层面上出现一对及物特征，那么它们总是同时是高及物性特征或同时是低级物性特征。在此基础上，他们提出了以下及物性假设：

> 一种语言中的两个小句（a）和（b），如果（a）句根据 A—J 的特征中的任何一个判断出（a）句的及物性高，那么所伴随的小句中的其他语法或语义差异也会表现出高及物特征。

（Hopper & Thompson，1980：255）

在英语中，动词的及物性并没有在动词自身的形态上做任何标记，而只是根据动词外在的论元数量来进一步划分出及物动词和不及物动词。这种一分为二的二分法定义，忽略了我们前文所论述的情况，即小句及物性程度上的差异，小句的及物性可能更高也可能更低，其被动形式可能更合适或更不合适。这种层级差异，并不能与有无直接宾语直接对应。霍伯和汤普逊通过引入更多的参数来细化这种定义所造成的模糊性，改变了二分的思路，提出连续体概念。

霍伯和汤普逊为了能够有效地判断小句及物性的高低变化，设定了一系列复杂的句法语义参数特征作为判断小句及物性高低的依据。她们共列举出了影响小句及物性高低的 10 个参数，如下表所示（Hopper & Thompson，1980：252）：

表 1-3　霍伯和汤普逊的及物性参数

	high	low
A. Participants	2 or more participants，A and O.	1 participant
B. Kinesis	action	non-action
C. Aspect	telic	atelic
D. Punctuality	punctual	non-punctual
E. Volitionality	colitional	non-volitional
F. Affirmation	affirmative	negative
G. Mode	realis	irrealis
H. Agency	A high in Potency	A low in potency
I. Affectedness of O	O totally affected	O not affected
J. Individuation of O	O highly individuated	O non-indivifuated

A 项为"参与者"，指行为传递中的参与者，有 2 个或以上的参与者则及物性高；B 项为"行为"，指只有行为才能传递，所以表达行为的及物性高；C 项为"体"，指有结束点的行为比没有结束点的行为会更有效地传递给受事，因而前者的及物性更高；D 项为"瞬时性"，指在开始和结束过程中没有明显的过渡阶段的行为及物性高；E 项为"意志性"，指有意识发出的行为比无意识发出的行为及物性高；F 为"肯定性"，已发生的行为比未发生的行为及物性高；G 项为"方式"，指行为是否发生，真实发生的行为比没有发生的非现实行为及物性高；H 项为"施动性"，指有施动性

的行为及物性高；I 项为"宾语受影响程度"，受事完全受到影响的比未受影响的及物性高；J 项为"宾语个体化程度"，指受事与施事以及与环境之间存在区别的及物性高。

通过以上对各项参数的阐述，可以清晰地发现这 10 项参数并不只与动词有关，而是与整个小句有关，是行为传递的有效性在不同方面的体现。每一个涉及小句及物性的参数又都是层级性的。小句及物性高低层级与小句具备的高及物特征数量有关，如果一个小句获得 A—J 中更多的高及物性特征，其及物性程度就越高，相反，其及物性程度则越低。例如：

（54）John liked roses.

（55）He hit his son.

句（54）和（55）相比，在其他因素相同的情况下（比如都有两个参与者，都是真实发生的），句（54）的宾语并没受到明显的影响，也没有具体实施行为的发生，它是一种状态而非动作行为，总体而言，不具有特征 B 和 I，高及物特征少于句（55），因此其及物性低于句（55），也就是说该小句的及物性发生了更多的偏差。通过这些参数，我们可以更具体地比较小句及物性偏离的程度。

虽然霍伯和汤普逊的研究改变了传统研究对及物性本质的认识，提出了判断小句及物性高低的标准，但这些及物性高低的判断标准在参数的定义、参数之间关系等方面也遭遇了不少挑战，在实际操作中仍然存在一些问题，比如参数的定义、名称问题经常遭到学者们的质疑，有些参数的定义并不准确。比如：

（56）I bumped into Charles.

（57）I bumped into the table.

（Lapolla，Kratochvil & A. Coupe，2011）

　　霍伯和汤普逊认为，句（56）之所以比句（57）更容易被人接受，是因为宾语 Charles 是有生命的，其"个体化程度"高于无生命的宾语 table，因此对 Charles 的影响更容易被强调。然而，根据常识，我们通常认为物与人的个体化差异大于人与人的差异，table 是无生命事物，与主语的差异较之有生命的人——Charles 与主语的个体化差异应该更大。因此，造成以上两个小句接受度差异的可能并不是像霍伯和汤普逊所说的那样是宾语与主语的个体化差异大小问题。罗仁地等学者指出，根据认知突显原则，突显层级大小为：人类>非人类，有生命>无生命，整体>部分。Charles 是有生命的人类，其突显程度高于无生命的非人类 table，更容易在编码过程中得到突显，所以上述差异更可能是突显因素造成的，与参数 J 并不相同，似乎应该列为另一个参数。

　　除了参数的名称受到质疑外，霍伯和汤普逊所列的参数在判断小句及物性高低的实际操作中，其结果常常无法令人满意。比如以下两句的及物性高低问题：

　　（58）Jerry likes Mary.

　　（59）Tom left.

　　根据上文所给的参数列表，句（58）符合一条高及物特征 A，即有两个参与者，而句（59）符合 4 条高及物特征 B、C、D、E，即行为的、完成的、瞬时的、意志性的。因此，句（59）的及物性应该高于句（58）。但是根据这一参数标准判断而得到的及物性高低排序的结果始终不符合我们的常规理解。句（59）只有一个论元，通常被认为是不及物小句，没有及物性。这一矛盾表明该参数列表在实际应用中存在不合理性，令我们不得不怀疑这个参数列表是否有效，是否需要进一步修正。

此外，根据这一参数列表，还有可能出现一些难以明判的情况。假设一个小句有且只有一个论元并标注为施事格，也就是说参数 H "施事" 是高及物性，但参数 A "参与者" 却是低及物性。相反，一个小句带有两个论元，可能参数 H "施动性" 是低及物性，但参数 A "参与者" 是高及物性，那么究竟哪个小句的及物性高呢？这就难以凭借参数比较得出结论。造成以上矛盾和难题的根本原因，是参数对及物性的影响程度有别，参数之间的相关性也不同。

二、角田太作的研究

针对以上质疑，角田太作（1985）认为霍伯和汤普逊的及物性假设过于极端，有些参数之间的相关性并不太高，甚至并不存在相关性，比如参数 E "意志性" 和参数 H "施动性" 相关性高，并且同向变化，一个目的性强的动作行为主观上一定对该动作的控制性强。但参数 E "意志性" 和参数 H "施动性" 跟参数 I "宾语受影响程度" 似乎并不存在同向相关性，有时还是相互矛盾的。比如你可能无意发出了某种行为，却对受事造成了极大的影响，正如下例所示：

(60) John accidentally killed his wife.

(61) I heard the sound.

(62) I listened to the sound.

句（60）中的主语 John 是非意志性的，但对受事造成的影响却是严重的，即参数 E "意志性" 低，而参数 I "宾语受影响程度”反而高。句（61）的主语是非意志性地发出听的动作，但听到了声音，而句（62）的主语是意志性地发出动作，但是不一定听到声音。因此两句相比，句（61）的参数 E“意志性”、参数 H“施动性”低，但参数 I“宾语受影响程度”高，而句（62）却恰好相反（Tsunoda，1985：393）。

以上实例表明，有些参数的确不像霍伯和汤普逊所提出的及物性假设一样，绝对地同向变化。此外，如果根据霍伯和汤普逊的参数列表来判断这两句的及物性高低，那么，句（61）的高及物特征则少于句（62），句（61）的及物性应低于句（62）。但根据我们对听力行为事件的常识，如果句（62）中没有听到声音，行为的有效性低，那么及物性应该更低而不是更高。这个矛盾也进一步说明，霍伯和汤普逊的参数列表在判断及物性高低时的确会给人带来困惑，并不能十分准确和有效地判断出小句及物性高低差异。

角田太作（1985）也在类型学视角下，继续对及物性作了进一步细致的研究。他对霍伯和汤普逊（1980）的研究结果提出质疑，并且提供了自己的修正方案。角田太作（1985）认为，这些参数对及物性的影响并不是同等重要的。他通过对及物小句格框架的观察认为，参数 I“受影响程度”是最重要的，而参数 E“意志性”和参数 H“施动性”似乎并不相关，对于参数 I“受影响程度”也应该进一步进行层级上的划分。同时，他还根据受事受影响程度及其相关的句法形态特征，将二元谓词小句的及物性划分为 7 个不同的层级，认为最典型的及物性（即最高及物）是位于最左边的 1A 类型小句所体现的及物性。如下表所示（Tsunoda，1985：388）：

表 1-4 角田太作的及物性类别层级

Type··· Meaning··· Subtype···	1 Direct effect on patient		2 perception		3 pursuit	4 knowledge	5 feeling	6 relationship	7 ability
	1A	1B	2A	2B					
Meaning···	resultant	Non-result-ant	Patient more attained	Patient less attained					
Example	kill, break	kick, eat, hit, shoot	see, hear	listen, look	wait, a-wait	know, remember	love, like	have, resemble	capable, good
English case frame	NOM kill ACC	NOM hit ACC NOM hit at X	NOM see-ACC	NOM listen to X	NOM await ACC	NOM know ACC	NOM love ACC	NOM have ACC	NOM capable of X

在角田太作的及物性类别层级表中，从左往右，宾语受影响程度逐渐降低，类型 1 表示受事受到直接影响，受事受影响程度较高，该类型又可细分为 1A 和 1B 类型。事件或行为产生了某种结果，使受事发生变化的 1A 类型被视为最典型的及物小句，1B 类型的受事没有产生任何变化，因而及物性低于 1A。2A 的及物性高于 2B，因为 2A 中的动词 see 的受事是完整的视觉图像，宾语受影响程度高于 2B。前文所提的动词 resemble 所在小句属于类型 6，表示一种静态关系，受事实际上是参与者，但受影响程度低。类型 7 表示能力，其受事影响程度最低，它仅仅表示一种可能性，受事是潜在的，因此及物性也就最低。

角田太作对及物性进行这样的分类，是基于对多种语言的格框架的考察，如类型 4 和类型 5 虽然都是表示一种状态，但不同的语言在格标记上有所不同，因此把两种类型区分开。按照受事的影响程度对及物性的层级进行划分，还可以看出相应的与及物性相关的句法形态特征，如被动形式。越靠左的类型，及物性越高，越容易产生被动形式，而越靠右的类型，及物性越低。因此，在英语中，通常类型 1—5 的及物小句有被动形式，而类型 6—7 的及物小句没有被动形式。

在判断小句及物性的参数方面，角田太作和霍伯、汤普逊的做法略有不同，如果说后者是尽量综合不同因素，那么前者则将这些因素分为截然不同的两类，分开考量。霍伯和汤普逊的研究主要针对行为活动的有效性，即每一个参数分别反映出某一特定情景的不同方面，所涉及的句法和语义特征被杂糅在一起。比如参数 A "参与者" 是属于句法层面的两个论元的体现，而其他参数则是语义层面的体现。这种划分很好地体现了及物性的连续性和层级性，并且可以作为判断及物性高低的依据和标准，但出现了如句（58）和（59）的及物性高低难以判断的问题。角田太作则把语义和句法特征完全分开，句法层面主要基于谓语动词论元的格框架，语义层面则以受事受影响程度作为最重要的参数，并以此为依据划分及物性等级，这样似乎避免了句（59）及物性高低的问题，因为他只考察有两个论元谓词的情况，句（59）只有一个论元，自然属于不及物小句。但他的分类似乎显得过于粗疏，有些及物小句的及物性存在的细微差别不能通过该标准描写出来，比如有两个论元同属于 1A 类型的小句，内部并不是同质性的，而是异质的。瞬间的动作和持续性动作小句的及物性高低是不同的。例如：

  （63）He ate breakfast.

  （64）He was eating breakfast.

句（63）的动作有明确的结束点，是已经完成的动作，而句（64）没有明确终点，是持续动作，是未完成的动作，两句所体现的及物性是不同的，前句的及物性应该高于后句。但角田太作的分类标准将它们都同样归入类 1 "宾语受到直接影响"，这并不能反映出它们及物性的细微差异。换言之，这种标准不能精确地判断出小句及物性高低差别。同理，小句中的受事完全受影响和部分受影响，所体现的及物性也存在差异，偏离典型的程度也不相同。比如：

(65) I drank up the milk.

(66) I drank some of the milk.

句 (65) 和 (66) 相比，前一句中的宾语 milk 全部被喝完，宾语属于完全受到动作影响，而后一句的 milk 则是部分被喝完，宾语只是部分受影响。那么，前句的及物性理应高于后一句。根据霍伯和汤普逊建立的参数列表，可以区分句 (63)、(64) 以及句 (65) 和 (66) 之间的及物性差异，而角田太作的分类却不能揭示这种及物性的微观差异。角田太作 (1999) 在此基础上进一步提出修订后的及物性特征，其观点简要概括如下：

①明确区分及物性的语义和句法特征；

②及物性是程度性的。也就是说，及物性和不及物性不是绝对一分为二的，而是形成一个连续体。典型及物小句可以作为标准来衡量其他小句的及物性高低。

他在新的特征描述中，强调了句法和语义特征的分离，以及典型及物小句的中心地位。典型及物性小句的语义特征包括：(a) 两个参与者，(b) 施事，(c) 完成的、真实的、非持续性的活动，(d) 受影响并发生变化的受事，像 kill、break 之类的典型及物动词就描述这样或那样的变化。句法特征则包括：(a) 两个参与者的句法体现，(b) 格框架，(c) 相应结构的可能性 (如被动)，(d) 对照，(e) 动词形态，(f) 词序。与英语及物性小句最相关的句法特征是 (a)、(b)、(c)，例如句法特征 (a)：

(67) He drinks wine.

(68) He drinks between meals.

（Tsunoda，1999：385）

句（67）和（68）在语义上都有两个参与者，但前句的两个参与者（即"喝东西的人"和"喝的对象"）都有句法表现，分别为主语和宾语；而后一句只有一个参与者（即"喝东西的人"）有句法表现，充当主语。语义上有两个参与者的，不一定都在句法上表现出来，所以句法特征（a）十分必要。但像句法特征（d）、（e）、（f）与英语及物性的相关性并不高，只适用于其他语言。因此，根据典型及物性的语义和语法特征，小句及物性偏移典型的程度判断列表可表示为（Tsunoda，1999：388）：

表 1-5　角田太作的及物性参数

	Semantic aspect			Morphosyntactic aspect				
	participants	impingement	change	expressions	case frame	passive	reflexive	reciprocal
(1)	+	+	+	+	+	+	+	+
(9)	+	+	−	+	−	+	−	+
(58)	+	−	−	+	+	+	−	+
(59)	−	−	−	−	−	−	−	−
(63)	+	+	+	+	+	+	−	−
(64)	+	+	+	+	+	+	−	−
(69)	+	−	−	+	−	−	+	+

具有某个特征就用"+"号表示，不具备某个特征就用"−"表示，"+"越多说明及物性越高。那么，典型及物小句拥有所有句法、语义特征，即拥有数量最多的"+"号，前文中所例举的句（1）就是典型及物小句的代表。依照该参数列表能在一定程度上

帮助我们较为有效地解决一些及物性高低判断的难题。例如句
(58) 虽然具备所有 5 个句法特征，但缺少一些语义特征；句
(59) 不具备所有的句法、语义特征，全部用"−"号标注。那
么，根据"+"号数量的多少，句（59）的及物性应低于句
(58)。如果按照这个参数列表来判断，就不会出现前文所指出的
对两个小句及物性高低作出错误判断的问题。另外，这个列表还
可以揭示有趣的及物现象。例如：

(69) Bob is angry with Ann.

传统语法一般认为句（69）是不及物小句，由形容词作谓词。
但根据上表所示，句（69）共拥有四个及物性特征，并不像不及
物小句那样，一个特征都不具备，因而它也具有一定程度的及
物性。

但如果进一步深入思考，我们发现角田太作的这一特征列表也
存在一定局限性。小句及物性在微观层面偏移典型的情况并不能
通过这些参数体现出来。由于他主张属于语义因素的"完成"和
"非完成"、施事的"意志性"和"非意志性"这些参数只与典型
及物性有关，而与及物和不及物的区别性特征不相关。他的典型
及物小句的特征包括以上两个特征，而在及物性高低的判断参数
中却并没提及。因此，上表中的符号标记显示：句（63）和（64）
具有相同数量的语义和句法特征，它们的"+"号、"−"号数量
相同，也就是说两句的及物性高低从参数上来看没有差异。但实
际上，两句的时态不同，体现出一个动作是已经完成的，而另一
个动作是正在进行的，及物性高低实际并不相同。类似情况还有
句（65）和（66）。两句中的宾语受影响程度有部分和整体之别，
因而其及物性高低以及偏离的程度也不相等，但从上表的参数标

准难以看出差异。

　　虽然角田太作将句法和语义因素分开考量，具有一定的优势，但他对于语言生成的原因以及有些核心的相关问题并没有提供清晰的答案。句（9）在传统语法中被认为是不及物小句，不能被动化，但正如前文中所指出的，该句的被动形式是合乎语法的。该判断标准可提供一定的解释，因为根据上表，该句拥有 5 个"＋"号，即两项语义特征和三项句法特征，可见，该小句体现出较高及物性。我们不禁要问，该句为什么有被动形式？小句及物性高低与被动形式究竟是什么关系？事实上，及物性与句法、语义特征之间的相互关系还有很多问题没有回答，比如究竟在参数列表中应该包括多少个语义特征？语义特征与句法特征孰重孰轻？这些特征究竟是任意堆积的，还是有联系的？有何联系？这些特征又是如何影响小句及物性高低的呢？

　　针对以上问题，霍伯、汤普逊和角田太作的两个列表模式都没有清楚地回答。前者将语义和句法因素混为一谈，后者将语义、句法因素分离。前者提出的参数区分了受事所受部分影响和整体影响对及物性高低的影响，而后者对受事所受影响的进一步划分只是单独列出了受事发生改变这一语义项，而忽略了整体、部分影响的差异。后者在解决小句及物性高低的判断上似乎能够为前者所留的难题提供更有效的方案，但后者对于区分及物性的某些微观差异又显得不足。纵观三人对及物性的研究，主要侧重对语言的描写，并没有对语言现象背后的理据性作出解释，因而并没有力图对下列问题作出回答：为什么要列举出这些独立的特征？为什么不是其他特征？这些特征有何内在联系？参数的列举难免给人一种任意堆积的印象，缺乏内在的系统性。

　　霍伯和汤普逊（1980：279）也认为有必要解释这些不同的语

义特征之间的相关性。为了达到这一目标，需要一个更加抽象的、具有上义词地位的语义概念，使其能够包括所列举的所有语义特征，并且使它们内部具有更自然、更系统的联系，而不是任意堆放在一起的系列特征。这表明我们应该寻求新的视角，来解决判断及物性高低的参数之间的相互关系、参数定义、参数数量等问题。

三、纳斯的研究

角田太作在他的后续研究中已明确提出典型及物小句的重要性，但无论是角田太作还是霍伯、汤普逊，他们对于典型及物性的认识还不够充分。由于及物性具有层级性特征，因此弄清典型及物性是全面认识及物性的关键和基础。典型及物性是一个重要概念，对我们更好地描写和解释语言有重要价值，也是有效的语言分析工具。小句及物性在不同程度上偏移典型，界定典型及物性显得十分必要，它不仅有利于我们描写小句自身特征，还可以通过比较的方式，描写偏移典型的非典型及物小句的特征，并且进一步理清典型与非典型之间的差异。如果没有较好地描写典型及物性，那么大量的非典型及物性的特征描写和解释就会相当困难。典型及物性是及物性研究的一个核心话题。

典型的定义不能够过于宽泛，如果它能够包括所有的非典型的小句，那么也就不具有典型的意义了。所谓典型，罗施（Rosch，1978：37）将其界定为"一个范畴里的某成员越典型，它与该范畴的其他成员享有越多的特征，与其他范畴的成员享有越少的特征"。也就是说，某范畴的典型成员不仅最大程度上与其他成员具有相似性，而且在最大程度上区别于其他范畴的成员。它拥有该范畴的所有特征，而同时拥有最少的其他范畴的特征。比如前文中所举句（1），通过参数列表判断，具备所有的特征，被认为是典型的及物小句；而其他的及物小句因为缺失某个或某些特征，则属于非典型的及物小句，而且各句的及物性高低不同。越是靠近典型及物性的小句，句法行为更自由，而越是偏离典型的小句，其句法行为则越受限制。

典型及物性究竟应该如何定义？蒙塞拉特（Montserrat，1998）认为最典型的及物行为应包含一个施事和受事，而菲奥伦蒂诺（Fiorentino，2003）则用动词后的典型直接宾语来定义典型及物性。虽然细节描述有所不同，但对于及物典型的必要特征基本可概括为以下共识，一个典型的及物小句用来描述这种事件：

①一个意志性的施事参与者；

②执行一种实在的、动态行为；

③该行为对受事产生可感知的、长期的影响。

纳斯是较为新近的从类型学视角出发详细论述典型及物性的学者。2007 年，他出版了一本题为"典型及物性"的著作，专门就该话题展开讨论。他认为典型及物小句常常被来表达某一种语义内容，即典型及物性。通过典型模式可以预测出：如果小句具备所有语义特征，那么，小句在形式上也具备及物特征；换言之，小句如果拥有所有语义上的特征，就应该在句法上表现出来。因此，他的研究目标就是要发现哪些典型及物性的语义特征会导致句法上的不同。他简化了霍伯、汤普逊的特征列表，并归结为一个作为参与者区别性特征的语义原则，依赖于三个语义特征进行描写，即［+意志性］、［+发动性］、［+影响性］。基于这三个语义特征，他进一步提出论元最大差值假设，指出典型及物小句就是指小句中的施事和受事两大核心论元在最大程度上不同，施事被描写为［+意志性］、［+发动性］、［-影响性］，而受事则为［-意志性］、［-发动性］、［+影响性］，施事与受事不同时拥有任意一个相同的语义特征。

如果仔细思考，不难发现这样的定义存在一些问题。比如虽然这三个语义特征都标注为二分性的，但在语言的实际使用中却可能出现梯度性。比如［影响性］的程度不同，也会影响及物性。纳斯本人也没有系统地提出决定这些特征的原则，同样存在前文所述的任意堆积的印象。另一个重要问题是他列举的语义特征过于简单，不利于我们以此为标准充分、准确地描写大量的、多样的非典型及物小句的微观语义差异。纳斯之所以将语义特征简化，其目标旨在做出适用于所有语言的典型及物性。他同样采取语义、句法分离的方式，用三个语义特征定义典型及物性，表明他意识到句法特征因语言不同而表现不同，难以选出适用于所有语言的典型，而语义则更可能是普遍性的。这是一种正确的思路，但是典型及物性所具有的跨语言的普遍意义的语义特征究竟是什么，还需要统领性的上位概念。类型学视角的研究始终没能很好地解决这个关键问题。

传统语法的及物性等同于动词的句法价（syntactic valence），即动词句法形态上带一个论元为不及物动词，带两个论元为及物动词。及物小句就是指动词后带直接宾语，有动作传递给宾语的小句。传统上对及物性的这种句法定义虽然显得明确，直截了当，但显然存在一些问题。第一，它无法合理地解释大量的语言现象，如句法成分相同，有些及物小句却没有被动形式，不及物小句反而有被动形式。第二，及物小句和不及物小句之间是一分为二、相互对立的两个极点，因此不利于解释丰富的处于中间地带的及物小句，如句（2）—（4）。另一个弊端是传统语法对及物性的定义过分依赖直接宾语的概念，宾语是一个句法概念，如果某种语言没有这个句法概念，那么就不存在及物性的概念。因此，如果要给及物性下一个更具普遍意义的定义，就应该避免提到主语和宾语（Tsunoda，1999：384）。除此之外，及物性的这种句法层面的定义还会引起循环论证的问题：一个小句是及物的因为它有两个核心论元，小句有两个核心论元因为它是及物小句。这样的定义并不有助于我们充分地认识语言，尤其是及物性以及及物小句的本质特征。

转换生成语法认为语言是先天的、普遍的一种心智自治能力，独立于任何与外界相关联的东西，与身体经验无关，并认为语言一定具有一个使其成为语言这种东西的本质，内存于语言之中，这个本质就叫做"普遍语法"——语言在本质上是纯形式的，可通过内省法进行准确研究（王寅，2002：26）。及物性在这一理论框架下自然也是一个纯粹的形式概念，同样动词有直接宾语的是及物的，没有宾语的是不及物性的，不考虑语义因素。这种形式的定义跟传统语法如出一辙，几乎不会允许中间成员的存在，每一个及物小句都是完全相同的。与及物性有关的问题，如有无被动形式，完全是由转换规则决定的，与语义毫无关系；对于不符合规则的小句，只能是通过附加限定条件等手段加以解释。后期的管约论虽然提出简化规则，注重词库中词项的充分描写，但就及物性而言，仍然归属于动词的次范畴特征，还是二分的、形式上的概念。关系语法也是从动词论元出发的语法体系，虽然强调语义的重要作用，小句起始层的句法关系是靠语义层决定的，但小句的被动形式的转换还是由一种规则性的提升操作而生成的，因此对于大量的例外现象也只能是出于某种考虑，很难提供合理的解释，及物性还是跟动词后的直接宾语相关，本质上也是属于一种形式的研究。

格语法设定了多个语义格，对应小句所描写事件的参与者，这标志着一种语义的转向。格语法把及物小句和情景事件联系起来，无疑增加了不少语义成分，但语义格设定的数量又是一大难题。在真实交际中，说话者对于某一特定行为活动的语言编码是一种在线加工行为，具有即时性，因此仅靠一些事先设定好的格角色很难充分描写和解释语言事实的复杂性。角色参照语法也是以动词为中心的，使用宏角色的数量来判断动词的及物性，但宏角色同样难以确定。系统功能语法的及物性概念与事件表达相关，是一个语义系统，属于语言三大元功能之一的概念功能的实现手段，它既包括及物小句也包括不及物小句，上升为更大的语义概念。

传统语法、生成语法和关系语法都属于形式的研究，格语法和参照角色语法是语义的转向，但都是词汇中心视角，认为及物性是动词特征，并且是二分概念。系统功能语法的研究有两个重要转向，一个是将及物性与情景事件的语言表达相关联，另一个是采取了整体视角而非动词视角认识及物性，这两个转向对后续的类型学和认知视角的研究都提供了重要的启示。功能语法忽略了小句及物性不仅与客观及物事件本身有关，还与说话者对该情景的识解有关（Wierzbicka，1995），也就是及物性与主观性的问题。类型学视角的研究同样采取了整体视角，不再将及物性视为动词特征，而是小句特征，通过一系列复杂的句法和语义特征进行描述，这一认识更深入地揭示了及物性的本质。类型学研究的另一个重要成果是及物性的连续体特征。及物性不再被视为一个简单的二分语法概念，而被认为是一个连续体，最典型的及物小句有确定的两个参与者，是运动事件，是瞬间的、完成的、有受影响的受事，有意志性的施事，是肯定的、真实的事件（刘正光、崔刚，2005）。在该视角下，前文所述的部分难题可得到更好解释，如句（1）、（2）虽然形式上看似相同，但两句的句法特征并不相同。句（1）具有更多高及物特征，因此句（1）的及物性高于句（2），句（2）的句法特征受到限制，不如句（1）自由，比如不能被动化。

然而，类型学视角的研究也存在局限性。首先，在及物性的影响因素方面，要么将句法特征和语义特征相互混合，使得对小句及物性高低的判断难以准确；要么列举的特征不够充分，过于笼统，不能够精确判断小句之间及物性偏移典型的微观差异。其次，判断小句及物性的参数之间的关系以及重要性的地位差异还没有清晰的认识。再次，关于判断及物性高低以及偏移典型的核心概念——典型及物性的定义，类型学学者们没有形成共识。判断及物性高低所涉及的参数究竟包括哪些？在内部是如何相互联系的，语义和句法因素的地位如何，这些核心问题一直没能解决。如果我们的目标是建立具有语言普遍性的典型及物性，那么似乎需要从更具概括性的概念层着手。最后，类型学对于及物性的相关研究更重语言描写，虽然对及物性的认识有进一步加深，但对我们关心的大量非典性及物性生成的理据没有提供充分的解释，在解释层面显得比较薄弱。

简言之，及物性的研究经历了从重形式到重语义的发展，从重规则到重词汇的描写，从词汇视角到整体视角的发展。类型学视角研究对及物性研究作出了突出贡献，但仍有一些重要问题有待解决，在研究内容、视角上还存在一定的局限。认知语言学理论重视语义在语言分析中的重要地位，语义与真实经验的概念化密不可分,同时强调认知主体在客观世界和语言表达中的中间调控作用,这些主张恰好可以为及物性的前期研究作进一步补充和完善,为遗留的问题提供更为有力的解释框架,为及物性研究向纵深发展提供理论支持。

第二章 认知语言学视角的及物性

第一节 认知语言学核心思想

一、语言观

语言是人类表达观念和思想最明确的方式之一，从"表达观念和思想"的角度来研究人类语言就是通常所说的"认知观"（文旭，2002：90）。以莱柯夫、塔米、兰盖克等为代表的第二代认知语言学家，倡导一种新的语言学范式，该范式有其独特的研究目标、原则和方法。认知语言学对语言本质尤其是语法的观点从根本上有别于其他的语法理论。

认知语言学所持的语言基本观点可概括如下：①语言能力是人的一般认知能力的一部分，因此语言不是一个自足的系统；②句法不是语言的一个自足组成部分，而是跟语义、词汇密不可分；

③语义不仅仅是客观的真值条件，还跟人的主观认识密切相关（沈家煊，2000：29）。具体而言，在认知语言学的框架下，语言并不是与人类活动无关的、封闭的独立系统，而是语言认知系统的一部分，认知系统由感知、情感、范畴化、抽象化以及推理等组成（文旭，2002：90）。所以，语言不仅与规则有关，而且是一种心理或认知现象。认知语言学的目标不仅局限于对语言现象或人们的语言行为进行描写，更重要的是要揭示语言行为背后内在的、深层的规律，或者说是语言背后所涉及的心理结构和心理过程。

语言学与哲学之间有着密不可分的关系，语言学理论通常与该理论同一时期的哲学思想相贯通。认知语言学以体验哲学为其哲学基础。西方传统哲学中的客观主义认知（objective cognition）将人的心智和身体分开，认为思维与人的身体是分离的，思维就是对抽象符号的机械操作，因此，心智就是进行符号运算的一部抽象机器。体验哲学反对这种二元论，主张所有理性思维牵涉抽象符号的操作，这些符号只有通过与外界事物的规约对应才获得意义（文旭，2001：30）。人的心智和身体是不可分离的，心智在本质上是体验的，思维是无意识性的，抽象概念是隐喻的。所谓心智的体验性就是指我们的概念不可能是对外界客观事物的直接反映，因为我们的运动感觉系统在概念形成中发挥了重要的作用（Lakoff & Johnson，1999：44）。

人类的范畴、概念、心智、思维、推理、意义都是基于实践性的体验而形成的，它们是身体与客观外界互动的产物（王寅，2006：23）。认知的无意识性是指对我们心智中的所思所想没有直接的知觉，我们即使理解一个简单的话语，也需要涉及许多认知运作程序和神经加工过程，分析如此复杂，令人难以置信，是人无法觉察的（王寅，2002：84）。抽象概念的隐喻性则指隐喻不只是一种修辞手段，更重要的是一种认知工具，所有抽象概念的形成都离不开隐喻的作用，它使得始源域向目的域的投射成为可能。这种非客观主义认知的体验观构成了认知语言学理论的哲学基础。简言之，心智离不开身体，我们的概念只有通过身体经验才能获得意义，"概念是通过身体、大脑和对世界的体验而形成的，并只有通过它们才能被理解。概念是通过体验，特别是通过感知和肌肉运动能力而得到的"（王寅，2002：83）。在这种思想下，认知语言学坚信语言不是自足的系统，而是人的认知系统中的一个次系统。正如兰盖克（1990：2）所言：

> 语言绝不是自治的，而且对它的描写还离不开认知加工。语言与人类认知的其他方面是不可分割的。把语言与其他知识和能力之间划分出泾渭分明的界限，只能是一种任意所为。相反，语言作为一个有机体，是来自于各种内在因素和经验因素（生理的、生物的、行为的、心理的、社会的、文化的和交际的）的交互。

语言是体验性的，它"不是一个由任意符号组成的独立系统，其结构与人类的概念知识、身体经验以及话语功能相关，并以它们为理据"（文旭，2002：91）。换言之，语言不是对现实世界客观地、镜像地反映，而是由一个中间层将二者联系起来，如图 2-1 所示。

在图 2-1 中，语言位于最顶层，认知加工位于第二层，现实世界位于最底层，二者之间的关系可理解为：现实世界中的身体体验是一切意义来源之本，而语言则是最终的表达层面，但语言和现实之间并非直接相连，上图中用虚线表示，表明语言并不能

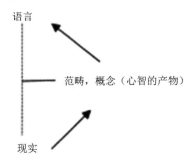

图 2-1　语言、现实、概念之间的关系

直接反映现实，而是要通过人的认知这个中间层，在该层中人们通过范畴化、推理等认知活动形成概念和范畴，以及与之相对应的意义等，这些都是心智的产物，即认知加工的产物，而它们都是以现实中的人的感知、身体运动和经验为基础的，因此是对现实世界的反映，图中用实线箭头表示。范畴、概念等通过语言编码出来，语言中的结构是对心智产物的反映，用实线箭头表示。

　　语言、现实、认知三者之间的关系可简单概括为：现实世界的情景为心智产物提供经验基础，而心智产物为语言中的结构提供概念基础。显而易见，如果要研究语言中的结构所反映的现实，就必须要依赖于人的认知层，否则我们无法从语言直接靠近现实。从图 2-1 可知，认知语言学的哲学思想对语言本质有全新的认识。语言不是自足的，对它的描写必须参照人的认知过程。语言结构与人的概念知识和身体经验有关，并且以它们为理据。语言的各个表达层面都表现出与身体经验和认知加工密不可分的关系，从语音、词汇、词法、句法到语篇层面都表现出体验性。因此，以认知语言学理论为基础的及物性研究，更加强调解释及物性这种语言现象背后的认知机制，如转喻、识解等。

二、语法观

既然语言不是独立于人的认知和经验而存在的封闭系统，那么语法自然也不是孤立的。"句法不是一个自足的组成部分而是与语义词汇密不可分，即是说词汇形态和句法形成一个符号单位的连续统，这个连续统只是任意地被分成了单独的成分；语法结构本质上是符号的，并使概念内容符号化。"（文旭，2001：31）正如兰盖克（2004：3）所言，语法在本质上是符号性的，不构成一个独立的形式表征层，而是存在于语义结构规约性的符号化过程中。莱柯夫和约翰逊（1999：498）也持相同观点，认为"句法既不是自治的，也不是由无意义的、无法解释的符号构成的，句法应该研究符号单位，即意义和语言表达这两者的配对（pairing）。每个具有象征意义的符号单位都具有双极性，即由概念极和语音极所构成。每一个概念极是一个范畴概念，每一个语言表达极是一个音位形式范畴"。

句法规则基于人们对外界感知体验的结果，体现人们的认知方式，取决于概念结构。可以说，句法是概念结构的符号化和象征化（王寅，2006：5）。正如兰盖克（1987）所言，语法只是语义内容的一个结构体和象征体。在认知语法中，语法跟词汇一样，都是概念内容的结构体和象征体。语法与词汇没有本质上的不同，"语法和词汇形成象征符号的连续体"（Langacker，1990：12）。即是说，语法结构都有其概念基础，人们在对外界的经验和感知基础上进行概念化后，通过语言符号表达出来。语法结构是概念语义的外在表现形式。总体而言，语法是语义的形式化和规则化，语义是对客观世界的概念化，概念系统与身体外部经验有关，所以语法不可能是一个独立于人的认知和经验的模块。从研究方法和出发点来看，认知语言学跟生成语言学重视形式、从形式出发的立场相反，认知语言学采取语言的认知观，重视语义的首要地位，把意义作为分析的出发点，始终是第一位的。可以说，认知语言学对语言的研究摆脱了生成语言学的传统，旨在"尽力解决人类是如何理解世界的意义这一问题"（Fesmire，1994：150）。所以，我们赞同角田太作、罗仁地等的观点，主张将语义和句法分开考量，但需要强调的是，若要描写并解释及物性的句法表现，需要首先将关注点聚焦于其概念本质，也就是说弄清及物性的语义指什么，与什么样的经验相关，以此经验为基础的概念化模型是什么，这是最为核心的问题，也是后续研究的基础。

三、范畴观

认知语言学坚持两个承诺，即认知的承诺和概括的承诺。"概括的承诺是对范畴的陈述"（文旭，2001：32）。认知语言学接受相关认知科学（如认知心理学等）的实验研究结果，反对经典范畴观所提出的用充分和必要条件定义范畴的观点，认为几乎所有范畴（包括自然范畴和语言范畴）都体现典型效应，即以典型为中心，位于核心地位，是其他非典型成员的认知参照点。大多数范畴具有层级性，呈现出辐射性，具有隐喻特征。同一范畴内成员的地位不相等，典型成员享有中心位置，而其他成员则或多或少地偏移范畴中的典型成员。类型学语言学家角田太作已经提出了典型及物性这一重要概念，我们在认知语言学框架下，采取典型范畴观，认为及物性是一个体现典型效应的复杂语言范畴，这是我们研究的出发点，在此基础上，描写大量偏离典型的非典型及物性的语义和句法特征，并探究其生成理据。

　　基于认知语言学的基本思想，有学者从构式语法的理论出发，解决动词及物性的动态变化问题。A. 戈德堡（A. Goldberg, 1995）的构式语法采取整体视角，认为句子的形式和意义之间有一种内在联系，意义不能从词汇语义规则自然推理出来，各个部分的意义叠加并不能预测出整体的意义，这个整体的意义就是构式义，独立于其构式中各词项的意义。构式义可以较好地解释动词的论元数量变化问题，比如"John sneezed the tissue off the table"中，动词 sneeze 的论元数量发生变化，成为有两个论元的动词，导致这一变化的是受到该致使构式构式义的压制。许艾明（2008：29-33），熊学亮、付岩（2013：3-12）等也从构式角度探讨中动词的及物性本质，他们的基本观点都认为该动词句法形式的特殊性是受构式义的压制而生成的，在这个过程中发现涉及转喻的认知机制。可见，他们从构式语法理论出发，将及物性视为动词特征，通过构式义压制解释动词的及物性特征，属于我们前文中所说的及物性的词汇视角。也有学者在类型学研究发现的基础上，采取及物性整体视角，将及物性视为小句的属性，以构式语法为理论框架研究及物性。罗仁地等（2011）认为及物性作为形态句法概念应该与语义上的事件效果分开讨论，而且及物性跟其他语法关系一样也应看成构式现象。吴义诚、李艳芝（2014）也指出及物性是一种构式现象，关注焦点为构式、动词与宾语的关系，动词并非决定动词出现与否的唯一因素，而整个构式决定宾语的存在与否。

　　以构式理论为出发点的及物性研究强调构式的独特性，认为"不同语言里构式不同，及物性也不同，同一语言两个极为相似的构式，及物性也存在差异"（吴义诚、李艳芝，2014：43）。按照这样的理解，也就是说语言里有多少种构式，就有多少种及物性。那么，究竟及物性是什么呢？更深层次来说，构式视角的研究更关注动词论元数量变化的问题，认为及物性是构式层面的，而构式层面的及物性也是通过构式论元角色来定义的，从本质上说构式及物性是形式上的。从这两方面来看，以上研究似乎并不能达到我们所追求的具有普遍意义的目标。认知语义学认为及物性是一个语义概念（刘正光，2005），是对世界进行识解的特征，世界通过小句表征（Taylor，2001：221）。及物性是对世界经验的表达，其概念基础与事件有关。因此，及物性是语义概念，具有跨语言的普遍性；小句是它的句法表现，表现出语言的独特性。只有在弄清及物性的概念本质的基础上，才能系统、深入地探讨及物性相关话题。

认知语法是由兰盖克发展起来的系统的理论框架。它是认知语言学的基本思想，同时，它又是认知语言学中最翔实和最有影响力的语法理论，该理论的目标在于"建立一个模型来发掘复杂程度不等的象征符号单位形成和使用的背后的认知机制和原则"（Vyvyan & Melanie，2006：481）。兰盖克的认知语法理论以塔米的概念结构系统模型（Conceptual Structuring System Model）理论思想为基础，将其不断拓展，形成了更为广泛的研究问题，是塔米理论的进一步发展。兰盖克主张将语法单位视为本质上有意义的单位，这些有意义的象征符号单位构成约定俗成的有组织的语言单位集合体，这个集合体构成了说话者心智中的语言知识表征，强调语义在分析句法表现时的首要地位。本书以前人研究为基础，将在认知语法的理论框架下，探讨及物性的概念本质、句法表现以及与主观识解相关的核心问题。

第二节 及物性的认知语法观

一、及物性的典型效应

范畴这一概念由亚里士多德最早提出，并将其进一步发展为范畴理论。他把范畴视为理解纷繁复杂的世界和千差万别的客观事物的逻辑工具。我们之所以能够认识世界，因为客观存在的万千事物能够被人类划分为不同的种类。我们需要一个普遍的概念来反映事物的本质，这个概念就是范畴。根据他的观点，要定义一个范畴，需要找到满足范畴中所有成员的定义特征。他的基本假设可以概括为：范畴是通过充分和必要特征而决定的（Taylor，2001：23）。除此之外，根据矛盾原则和排他原则，一个事物不可能既属于某一范畴又不属于这一范畴，要么属于某范畴，要么不属于某范畴。换句话说，某范畴的成员身份为是或不是的问题。某事物要么具有该范畴所有特征，要么不具有该范畴特征，要么在该范畴外，要么在该范畴内，不可能有些成员比其他成员拥有更多的特征。如此看来，以亚里士多德为代表的经典范畴观的主张可基本概括为：范畴是对现实世界的事物组成方式的镜像反映，也就是说范畴是客观事物在大脑中的机械反映，范畴具有清晰的边界，其成员具有本身固有的共同的特征，一个物体要么属于这个范畴要么属于那个范畴（赵艳芳，2001：21），范畴内所有成员的地位相等。事实上，我们还有抽象事物的范畴，比如事件、行为、情感、空间关系和社会关系等（Lakoff，1987：6）。另一方面，这种经典范畴观不能解释很多的范畴成员身份问题。例如鸵鸟不具备所有的鸟范畴的特征，但它仍然被视为鸟的一种。毋庸置疑，人类对事物进行分类的过程比经典范畴观所描述的要复杂得多。

人类对事物进行分类的过程可以理解为一个心理过程，通常被称为范畴化，范畴化的产物就是认知范畴。认知语言学的范畴观不同于经典范畴观，取而代之的是典型范畴观。典型范畴观的最初形成始于维特根斯坦发现经典范畴理论的缺陷。他发现"游戏"范畴并不符合传统的范畴模式。他认为游戏这个范畴中，有的是为了输赢，而有的是为了娱乐，还有其他不同的特点，因而没有任何一个种类的游戏拥有所有成员共享的范畴特征，而只有多种方式相似性，因此不符合经典范畴观的主张。他提出虽然没有哪一个特征属于所有成员共有的，但范畴内的成员之间通过家族相似性相互关联。而且，范畴内成员也不像传统理论认为的那样具有相等的地位。在此之后，涌现出大量对颜色、家具等范畴的实证研究（Berlin & Key，1969；Lenneberg，1967；Labov，1973），得出以下结论：事物是通过他们持有的特征被范畴化的，这些特征不是二分的，而是构成一个范围。对某一事物进行范畴化就是要弄清它的特征维度与最佳维度有多接近；这些特征都是语言使用者在周围熟悉环境中可以接触的，没有哪个单独的特征能够区分某范畴；典型可作为参照点来对那些范畴身份不易确定的事物进行范畴化。

罗施提供了最为系统和深入的研究，并且发展了典型理论，将范畴化发展为认知心理学的一部分。罗施在所做的一系列实验中发现并且验证了柏林和基（Berlin & Key）提出的焦点色存在的真实性，并且进一步发现焦点色比非焦点色在认知上更突显，更容易在短时记忆中被准确记忆，进而保留在长时记忆中。焦点色还被发现具有特殊的认知地位。准确地说，焦点色是颜色范畴概念化的参照点。此外，她还将实验对象扩展到具体事物的范畴如鸟、水果、交通工具等。在这些范畴中她发现都有更好的成员或更差的成员，也就是不同程度的典型性。因此她不再用焦点，而是改用典型，认为每个范畴都是以典型为中心的，范畴中成员的等级高低不等。她把具有典型效应的范畴作了如下描述：

①认知范畴的典型成员拥有最多的与该范畴内其他成员共享的特征以及最少的相邻范畴成员所共有的特征。这就意味着从范畴特征的角度，典型成员最大程度上区别于其他范畴的典型成员。

②范畴的不佳例子（或边缘范畴成员）只拥有与本范畴的其他成员共有的一部分特征，但是有一些其他范畴的特征，也就是说范畴边缘是模糊的。

（Ungerer，2001：29）

从以上论述可知，大多数的认知范畴都不可能像经典范畴观所主张的那样制定出必要和充分的标准，现实的情况常常是必要的标准往往不充分，或者相反。范畴内成员不具有同等的地位，越典型的成员，拥有越多的共享特征，越能代表该范畴。最能代表该范畴的则是典型成员，具有特殊的中心地位，拥有最多的范畴特征，正如知更鸟比鸵鸟更能代表"鸟"这个范畴，书桌椅比摇椅更能代表"椅子"这个范畴。总体而言，认知的典型范畴观认为，范畴的形成是一个与分类有关的心理过程，范畴内部不是均质的，而是以典型成员为中心，典型成员具有特殊的地位，它是心理表征，是一种认知参照点。非典型成员则根据其与典型成员的相似程度，或是拥有范畴特征的多少而离散在典型的周围。非典型成员在偏离典型的过程中也会逐渐获得其他范畴的特征，使得范畴边缘模糊。并非所有范畴成员都共享同样的属性特征，而是通过家族相似性相互关联起来的。

经典范畴观认为范畴独立于人的生理、感知、意象等能力，也就是说与人的认知活动无关，但认知的范畴观则强调典型是人们对世界进行范畴化的认知参照点，所有概念的建立都是以典型为中心的（赵艳芳，2001：24）。认知的典型范畴观认为典型效应（prototype effect）不仅存在于非语言范畴，也存在于语言结构范畴中，这一思想对语言研究产生了极大影响。语言结构同其他概念结构一样，都基于相同的认知机制之上，与其他认知范畴之间并没有本质的区别。语言单位如词、句子等都是通过范畴化形成的，而范畴化的基础就是典型，因此，从语音层到句法层都存在典型效应。罗斯（Ross，1972）指出几乎语言中所有的句法范畴包括句法结构范畴都表现出典型效应。很多的语言范畴如被动结构、否定结构等都被发现具有典型效应，而且与它们相关的一些难题也得到了较好的解释。

及物性是一个语言范畴，及物性范畴内也有典型成员和非典型成员之分，即其成员的地位是非对称性的（asymmetrical membership），有典型及物性和非典型及物性的区分，从而体现出典型效应。事实上，类型学的研究已经开始注意到及物性具有连续体特征，及物性和不及物性之间还存在大量的、位于两个极点间的过渡成员，如较高及物性、较低及物性等。那么，依循认知典型范畴观的主要思想，对及物性又能产生哪些不同的、更加深入的认识呢？

　　及物性也是一个认知范畴。及物性虽然是语言概念，但它与世界客观事物范畴一样，是人们进行认知活动即范畴化的产物。范畴化在本质上就是一个分类的心理过程，是一种以主客观互动为出发点对外界事物进行类属划分的心智过程，该过程是动态的、交互的、意象的而非命题的，而且是想象的（包括隐喻等）。其产物就是我们所说的概念范畴或认知范畴，而且还涉及人的心智活动，如隐喻、转喻等。与其他非语言的认知范畴一样，及物性有典型成员和非典型成员，成员地位并不相等。及物性是整个小句的特征，也就是说是通过小句结构表现出来的。及物小句如前文所举的句（1）所体现的及物性最高，被认为具有最多的及物性范畴属性，最能代表及物性范畴，因此，小句（1）也被认为是最典型的及物小句，而其他及物小句所体现的及物性都或多或少地丢失了部分属性特征，属于非典型成员。但它们之所以属于这个范畴而非那个范畴，是由于家族相似性的存在，通过家族相似性建立起范畴内的这种连贯性（category coherence）。

　　典型及物性居于该范畴内的中心位置，具有特殊的认知地位，是认识或者说是人们对非典型及物性进行范畴化的认知参照点，而这个范畴化过程是认知的、心理的，涉及很多人的认知能力，如隐喻能力等。每一个非典型成员就像是范畴内的一个节点，通过家族相似性与典型成员及其他成员发生联系。典型及物性通常是通过典型及物小句体现，非典型及物性则是通过非典型及物小句体现。及物性与不及物性之间没有清晰的界限，二者之间的边界是模糊的，有些特殊的小句结构体现的及物性就既有一些及物性特征又有一些不及物性特征，使其处于及物小句和不及物小句的边缘地带，如中动结构。

　　典型范畴观认为语言范畴跟非语言范畴并无两样，也与人的范畴化等认知能力有关。语言单位如音素、词、句等都是通过范畴化来实现的，而范畴化过程通常是以典型为基础的。每一个典型都是一个神经结构，使得我们可以完成与范畴相关的指称或想象的任务。范畴的形成需要通过我们的身体体验，也就是说我们所知道的范畴包括语言范畴都是我们经验的一部分。

二、典型及物性概念语义

（一）典型及物性的认知模型

我们反对纯粹形式的研究思路，这种脱离社会实践和人的认知，仅从语言内部来描述语言的理论思想，与认知语言学所提倡的体验哲学背道而驰。认知语义学认为，及物性具有语义特征（刘正光、崔刚，2005：8）。那么，要弄清及物性的本质属性，必须要首先弄清及物性的意义是什么。根据认知语法的基本思想，基于真值条件的形式逻辑用来描写语义是不够的，因为语义描写必须参照开放的、无限度的知识系统（沈家煊，1994：12）。这一思想表明，语义绝不只是客观的真值条件，它也与人的主观认识息息相关。以真值条件为出发点的意义描写是不充分的，因为语言结构会反映人作为认知主体如何对所观察的情景的内容进行理解和解释。

认知语法主张认知和语义是语言形成其句法构造的内在动因，句法构造的外在形式是受认知和语义因素促动的（王寅，2006：2）。认知语言学的任务就是描写语义结构，也就是对事物、情景进行认知的过程，因为语义是概念或意象的形成过程。因此，意义就等同于概念化（conceptualization），这一主张同时强调了概念化主体的主观识解因素和意义的动态化特征。正如王寅（2006：

7）所说，概念化既包括了概念形成的"体验和认知的过程"，也包括了"过程的结果"，意义就是概念化的过程和结果，与我们的体验感知、认知途径、识解方式和心智框架密切相关。

及物性的形式研究，将语言视为独立的封闭系统，忽略了语言结构中人的认知加工所起的重要作用，而类型学等视角的研究也并没有从概念层面认识及物性的意义。要想对及物性本质特征及其相关问题进行深入的探索，当然首先就要对典型及物性的概念语义进行清晰的描写。兰盖克（2008a：2）指出，语法是有意义的，语法的意义在于图式化的概念结构和符号化。因此，在对语言意义进行探索时，我们需要概念语义，对语言范畴的描写不得不依赖概念结构特征。既然我们把概念语义作为语言研究的出发点，那么，从认知角度应该如何从概念层面定义典型及物性的语义呢？

认知语言学主张语言单位的意义以人的身体经验和感受为基础，对它的描写就需要借助认知结构，如认知模型。概念结构和理性不可能用形式逻辑来精确描述，但可以用认知模型来描写（文旭，2001：31）。与之相似，兰盖克（1990：3）同样反对所有意义直接通过一些语义原子进行描写。语义结构的特征要通过认知域（cognitive domain）进行描写。一个认知域包括任何形式的概念化：感知经验、丰富的知识等。许多的认知域，除了基本认知域，基本上都可以等同于莱柯夫提出的理想认知模型（ICM）。莱柯夫（1987：68）指出人们是通过 ICMs 来组织经验和知识的。显然，认知模型有助于我们清楚认识范畴化过程得以实现的手段和途径，也是对语义结构进行充分描写的重要工具。

所谓认知模型就是指储存在人类大脑中的关于特定认知对象的所有认知表征（Ungerer & Schmid，2001：51）。认知模型具有开放性，即对某一认知范畴的知识是永远不可能穷尽的；同时它还具有网络构建倾向性，即认知模型本身不是孤立的，而是通过互相关联形成的一张认知模型的网络（成军，2006：66）。可见，语义的描写离不开概念层次网络系统和开放性的百科知识。兰盖克（1990：208）指出，像及物性这样的语言范畴应该以认知模型作为其语义特征的基础，而这些模型本身就不是语言的，而是抽象的，是与世界的构成、事件等密不可分的，是我们的经验和有关世界概念的基础。这些模型也是某些句法结构如及物小句的典型语义值的来源。那么，认知语法视角的研究需要借助理想认知模型来描写及物性的语义表征。及物性是一个体现典型效应的语言范畴，它的语义应该是以典型为中心的语义网络。基于此特点，我们必须要将典型及物性语义结构作为出发点，研究典型及物性就"需从行为和交互的概念模型出发"（赖斯，1987）。

塔米（1977）将语言建构过程中的操作特征和非语言域的操作特征相比较，例如将语法中的力动态与运动中的肌肉运动知觉相比较。在此基础上提出了几何图式、视点调配、注意分配以及力动态这四个系统，并认为人们通过这四个系统用语言建构某一特定场景。兰盖克（1990，2004a）吸收了塔米的这四个独立的意象系统，并且将它们合并为反映视觉和肌肉感知系统的两个模型，即弹子球模型（billiard-ball model）和舞台模型（stage model）。弹子球模型主要是对现实世界中行动链（action chain）经验的概念化，如图2-2所示（Langacker，1987：283）。

我们的世界是由无数离散的物体所构成的，每一个物体在世界中都会占据一定的空间和位置，图2-2中的弹子球模型反映这一现实的空间、时间、物质实体和能量等成分。物体的运动是在能量的驱动下发生的。某些物体可以依靠自身内部的能量自由移动，

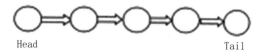

图 2-2　兰盖克的行动链模型

并在运动过程中，通过物理接触与其他物体相互作用。然而，某些物体却需要从其他物体处接受能量才能移动。当在一定程度的能量驱动下发生物理接触时，便会同时发生能量的传递，即从移动物体传递给受到撞击的物体。在这种接触影响下，被撞物体有可能产生移动，继而跟另一个物体发生接触。如果一个物体与另一个物体发生物理接触，使能量发生传递，第二个物体再与第三个物体接触，进一步传递能量，就产生了行动链，这样无限地传递下去，直到能量耗尽。在这一行动链中，处于首要位置的移动物体被称为"头"，而最后一个物体则被称为"尾"。实际上，兰盖克已将这种行动链的概念模型用以解释语言词序、语法关系等语言小句结构的方方面面。

　　另一个与概念经验有关的是舞台模型。作为感知者和观察者的人在诸多方面都像是一个正在观看演出的观众。观察者的视线（gaze）通常是向外并且专注于他周围世界的某一部分，就像是观众将自己的注意力放在舞台的某个区域，观看着上面的演员在固定好的舞台上移动，做出各种行为、动作。观察者将某情景的环境如地点等视为固定的舞台，而将相对较小的、移动的活动者视为在舞台上表演的参与者。参与者连续的互动行为可以进一步被观察者视为多个不同的事件。总体而言，舞台认知模型就是观察者对于生活中时刻发生在自己周围的无数事件的概念化，每一个事件都包括特定的环境和在该特定环境下某些相互作用的参与者。

从对这些无数的事件的观察中，观察者逐渐将其中的参与者角色进行概念化，形成一系列典型参与者角色的概念。这些参与者角色与前文中提到的菲尔墨的格语法、角色参照语法等的语义角色类似，但菲尔墨的困境在于始终无法详尽地列出所有的语义角色，因为实际上由于情境不同、动词不同，参与者角色会具有细微差异。

认知语法认为，随着我们对更多语言事实的考察，语义角色总是会被进一步地分析为更具体的角色。这些不同的具体角色抽象出来，便形成了角色概念和意象图式。因此，任何一种语言都不可能完整地列举出语义角色清单，我们只能从抽象的概念层面进行描写，因为认知主体人有这种认知能力，即提取不同的和已有图式来组织相同的经验。事实上，语义角色和其他范畴一样也属于具有典型效应的认知范畴，有些角色是经验事件中反复出现的、随处可见的、最基本的，被称为角色原型（archetypal roles）。它们的认知突显度最高，好像居于山峰之顶，是我们认识其他角色的认知参照点。

在这些角色原型中，典型施事指一个有生命的人，意志性地发出某种物理行为，导致某物体与其他物体触碰，并将能量传递给被触碰的物体。与之相对的是典型受事，指无生命的物体，它通过外来的触碰吸收传递的能量，因而发生某种性质状态的变化。工具角色指无生命的物体，由施事进行操作，通过工具，施事将能量传递给受事。感知者指参与心理活动的人。兰盖克（1990：236）认为只有几个角色最基本，认知突显度较高，可以作为角色原型，它们是施事、工具、感知者、受事、移动物、独立参与者（absolute participants）。本书将弹子球模型、舞台模型和角色原型模型相互联系所构成的复杂的认知模型视为典型及物性语义来源的 ICM，它是人们从对典型事件进行正常观察的经验中抽象而成的，因此称为典型事件模型。该复杂模型的核心内容用下图表示（Langacker，1990：211）：

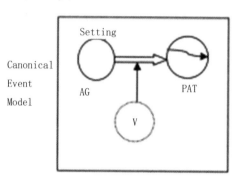

图 2-3 兰盖克的典型事件模型

在上图中，字母 V 代表舞台模型中的观察者，从外部的某个参照点对某一事件进行观察。根据弹子球模型，该事件包括离散的、自由移动的物体，以及物体间的相互碰撞和随之发生的能量传递。一个典型事件只关注两个参与者，是彼此完全对立的两个角色，即施事与受事，上图中用实线圆表示。粗箭头指能量从施事传递给受事，弯曲的箭头表示受事得到传递的能量后，发生了性质变化。

在前人研究的基础上，我们将兰盖克提出的典型事件模型视为典型及物性在概念层的意义，也就是说，典型及物性的概念意义就是人们对典型事件进行规范或常规观察后概念化而形成的。典型事件模型代表对典型行为（prototypical action）的常规观察（Langacker，2004a：286）。这一认知模型有以下特点：①在时间概念上连续的一系列的交互事件被模块化为单一事件里的不同阶段。②观察者在事件发生的情景以外的某个位置进行观察，因此观察者自己并不是事件的参与者。作为认知主体的说话者或听话者始终居于舞台之下。③事件发生的环境（setting）与参与者是相互区分的，环境是固定存在的，并且能够容纳所有参与者，是事件发生、发展的背景。参与者则相对较小，并且在该背景下是不断移动的。④该事件的两个参与者是在能量传递链上的两个极点，因而是在最大程度上的对立体，都是语义角色原型。前者是作为能量发出者的施事，后者是作为能量接受者的受事。⑤参与者之间的能量交互具有不对称性的特征，总是由施事传递给受事。⑥这个被识解为独立的事件是在一定的时间范围内完成的，从时间概念上来看，该事件是有界的（bounded）。

前人对于典型及物性意义的定义都没有上升至概念层，我们在概念层面上对典型及物性进行定义，更为抽象，且更具概括性，更有利于解释非典型及物小句产生的理据，如非完成动词（imperfective verb）构成的及物小句所体现的及物性。在句（2）和（3）中，resemble 和 like 这两个动词并没有明显的物质能量传递，但为什么能被编码为及物小句，类型学研究并未给予解释。根据以上典型事件模型，句（3）表达的虽不是动作事件，但参与者之间也并非属于平等关系，因为句（3）中的主语"人"不能放在宾语的位置，只有人才能感知一切，才能把这种心理能量传递给受事。句（3）中的能量传递是看不见的、抽象的、非典型的心理能量的传递，因此，该句是偏离典型及物性的非典型及物小句。再比如及物性更低的句（2），表面上看来参与者之间是平等关系，没有能量传递，但是主语和宾语之间实际上并不对等，即识解突显的不平等。主语是更突显的射体（trajector），宾语是界标（landmark），宾语是认识主语的参照点。因此该小句及物性很低，偏离典型及物性更远，句法行为也更受限制。另外，前文中所提的句（58）的及物性高于句（59），因为句（58）存在抽象的心理域能量传递，而句（59）没有能量传递。这进一步证明，霍伯和汤普逊将语义和句法因素混合起来，无法真正有效地判断小句及物性偏离典型的程度。本书将在第三章详细探讨及物性偏离典型的问题。

（二）典型及物性的语义特征

按照认知语法的观点，所有的句法结构都有其意义，语义是小句结构形成的基础。因此，典型及物性的特征应该先考察其语义特征，再看语义特征投射到句法层面所产生的相应的句法特征。典型及物性的语义内容是依赖于与人类的经验和对世界的感知密切相关的认知模型而产生的。也就是说，决定典型的一系列语义特征并非是孤立地存在于客观世界中的，而是我们与物质和文化环境成分相交互的结果。类型学在研究典型及物性特征时，霍伯、汤普逊和纳斯的研究都给人任意性的印象，罗列的特征缺乏具有概括性的上位概念。事实上，我们在现实中所体验的典型及物性的特征已被我们自然地、隐性地视为一个格式塔。换言之，这些复杂的特征所构成的整体比单个的特征更容易被认知主体所接受并储存。这个完形通常由一个认知模型表示，它在心理上比部分更容易让人理解。及物性与能量传递的事件密切相关，是对事件的表达。我们在概念层面，通过认知模型抽象、概括出典型及物事件。再基于典型事件模型，归纳出典型及物性语义特征。根据典型事件模型，参照霍伯和汤普逊（1980）、莱柯夫（1977）、泰勒（2001）的特征列表，我们对典型及物性的语义特征作出以下进一步的概括：

①该事件包括两个参与者，并且充当完全相对立的角

色原型，即施事和受事。

②两个参与者是相互区别的个体，在特定的环境下都有具体所指。

③施事是整个交互事件的控制者，有意识地发出某种行为，一般指人；而受事受该行为的影响而发生变化（通常是可观察的变化），一般指物。

④施事和受事发生物理接触并且致使受事发生内部状态的变化，即处于一种新的状态。

⑤该事件是瞬时的动态事件，而不是静止的状态。该事件虽然自身是有时间延展性的，并在一定时间内完成，但事件内部结构，如处于开始和结束之间的中间过程并不是观察的焦点。

⑥该事件是已完成的、真实的事件，而不是假设的或与现实相反的事件。

⑦该事件中有物质域的能量交互，能量从施事传递给受事，这种传递是单向性的。也就是说，该事件蕴含了一种非对称的物质能量交互。

⑧该行为和交互过程中的两个参与者之间是一种不对称的关系，施事位于能量头，受事位于能量尾。

以典型事件模型为基础，进一步细化出以上一系列语义特征，使我们能够更加清晰地认识典型及物性的特点。典型及物性拥有以上所有的语义特征，因此最能代表该范畴，也是其他非典型成员的认知参照。有必要指出的一点是，典型及物性的意义还与认知识解有关，识解方式起着举足轻重的作用。因为即便是典型事件，如果识解加工方式不同，所编码出的小句的及物性也不一定是最典型的。典型及物性一定是对典型事件的常规识解。常规识解具有以下特点：第一，将动作的发出者识解为施事，将动作发出的对象识解为受事；第二，由动词勾勒的过程被识解为一个整体性的单一事件。例如以下两句：

(70) John broke the glass.

(71) John caused the glass to break.

以上两句是对相同情景的不同描写，我们认为句（70）是说话者进行常规识解后编码出的小句。两句的不同之处在于，句（70）使用动词 break 进行编码，也就意味着将致使和破损过程识解为一个事件的不同阶段。而句（71）则与之不同，将致使和破损识解为不同的，但又相互联系的两个事件。在句（71）中只勾勒出致使这个过程。由此可见，典型及物小句的动词勾勒的过程常常被识解为一个独立事件，该事件由不同的阶段构成，符合图 2-2 的典型事件认知模型。因此，典型及物性的语义特征也离不开处于当前情境之外的认知主体的常规识解。由于识解对及物性有重要影响，因此接下来先简要介绍认知识解。

（三）认知识解

根据认知语义学的主要思想，语言的意义不是可能世界中的真值条件，而是一种心理现象、认知结构。那么，语义是不是只包括概念内容呢？兰盖克（2008：43）认为象征单位的语义极应当包括概念内容以及对该内容进行的某种特殊的识解方式。莱柯夫和约翰逊（Lakoff & Johnson, 1999）也指出语义极应当包括与概念内容加工有关的认知机制。可见，识解也是意义构成的一个重要方面，对概念内容起调控的作用。

识解与意象（imagery）紧密相关。也就是说，语义的描写除了使用认知域，还要使用意象，但兰盖克所指的意象与莱柯夫、约翰逊的意象图式（image schema）有所不同。意象图式强调意象形成所依靠的身体经验和图式作用，而兰盖克的意象是人类认知的基本成分之一，是头脑构思情景的不同方式，意象是一种识解现象，涉及我们如何对某一情景进行概念化，与语义描写密不可分。而且此处的意象并非指某一具体的视觉上的图形。当说话者出于某种交际目的，要对某情景进行描写的时候，他在对大脑中的不同意象进行选择。因此，一旦说话者选择其中某个意象，就会用某一特定的语言结构进行表达。而这个意象选择的过程就是对情景的识解。因此，识解可以定义为我们对同一情景用不同方式来构思和描绘的能力（Langacker，2008a：43）；或者指说话人心理形成和建构一个表达式的语义内容的方式（文旭，2007：63）。

正因为识解方式的不同，产生了不同的概念化，生成了不同的语言表达形式。这也进一步说明"语言不是对情景的直接映射，语义存在于人的概念化和对世界的识解中，它在本质上具有主体性，反映了以人为宇宙中心的思想"（文旭，2007：36）。人们建构某种语言表达式的过程应该遵循的步骤如下图所示：

识解 ——选择——→ 意象 ——编码——→ 语言

图 2-4 认知主体对情景进行语言编码的过程

认知主体通过对情景的识解，在大脑中选择某一意象，再用特定的语言进行编码，进而表达意义。可见，每一个语言表达一定是通过某一特定意象来组织所要描绘的情景的。换句话说，语言表达式体现约定俗成的意象，而意象的选取是即时的、瞬时的，因此它们并不会限制我们的思维内容。出于某种表意目的，说话者必须选择合适的方式来组织情景，因而在自己和所描绘的情景之间建立了识解关系。从这个层面来讲，兰盖克（2004a：487－488）把识解定义为说话人与其概念化和所描绘的场景之间的关系。实际上，每次编码语言的过程，说话者都需要建立这种识解关系。

语言表达离不开识解，识解离不开意象。有这样一个熟悉的例子：在我们对一个装有半杯水的水瓶进行概念化的过程中，对这一相同的概念内容，说话者可能产生多种不同的识解方式，然后用不同的语言形式进行编码，产生不同的语言表达。比如说话者如果想指出水杯，便会说"杯子里有水"；如果说话者想指出水，便会说"水在杯子里"；当然因为对水的多少识解不同，还可能说"杯子有一半是空的"或"杯子有一半是满的"。此例说明，很多传统上认为没有差别的语言表达式，由于识解的不同，意义也不尽相同。所以，语言的意义应该包括概念内容以及对于概念内容的识解。"认知域为语言表达提供了概念基础，它是语言表达式意义的基础，而语言的意义是用某种特定的方式对概念内容进行识解的结果"（Langacker，1990：46）。那么，我们可以说识解是语义的重要组成部分，对语义的探索不能孤立于识解。典型及物性的概念内容是典型事件模型，它为小句结构的意义提供了概念基础，但小句结构的意义还要依赖于说话者对该概念内容的识解方式，如以下例句：

（72）Mary liked the gift.

（73）The gift pleased Mary.

认知主体对同一个所要描绘的情景进行识解，采用不同方式，选取不同的意象，结果最终导致使用不同的语言形式来表达，因此导致小句的意义不尽相同。如果说话人把体验者（Mary）看成是能量的源头，她能够把自身注意力指向某个刺激物，便编码为句（72）；如果把刺激物看成是能量之源，使体验者产生某种心理状态，则编码为句（83）（Garcia，2007：765）。事实上，就某一客观事件而言，说话者因选择不同的视角、不同的聚焦等，对该情景的参与者数量和其他方面产生不同程度的关注，即编码成不同的小句，体现出高低程度不等的及物性，以满足特定的表达需求。在语言使用中，常出现说话者用及物小句编码不及物事件，或是用不及物小句编码及物事件的情况，这表明及物性确实与识解操作密切相关，是人的大脑对某一所要描绘的情景进行瞬时的选择和加工的结果，并且越是非典型的及物事件，越容易由于识解操作不同，产生不同的语言编码形式。比如以下例句：

（74）McMurtry climbed the mountain in seven hours.

（75）McMurtry climbed up the mountain in seven hours.

（Langacker，1990）

以上两小句虽是对同一个非典型及物事件的编码，其及物性高低却不同，因为说话者在编码过程中对事体 mountain 的识解不同。句（74）中名词 mountain 被识解为爬这个动作需要克服的对象，在形式上表现为动词 climb 的直接宾语。同时，爬山的人对山发出动作，将能量传递给山，但没有导致能量的接受者发生本质的改变，因此并不是典型的及物小句，但其及物性要高于句（75）。句（75）中的事体 mountain 被识解为路径、环境成分，在形式上作为介词 up 的补足成分，没有明显的能量传递，因此，其及物性低于句（74）。总体而言，句（74）和（75）的概念内容基本相同，大脑中所激活的都是爬山事件。但因为识解方式不同，说话者心理上形成不同的意象，从而语言编码形式不同，表达的意思也就不尽相同。

由此可见，及物小句的意义包括两个方面，一方面是大脑中被激活的所描绘事件的概念内容，即及物性；另一方面是对这一特定事件的主观识解。概念内容与特定情景相关，而识解则是人的某种特殊观察方式。我们可能都有这样的经验：当观察某一情景时，很多语言外因素会影响我们观察的结果，比如我们对事件进行观察的距离有多近，我们选择哪些对象进行观察，我们最注意的成分有哪些，我们观察的方位和角度如何等。即是说，识解涉及多个维度。不同学者对维度的定义与划分等持有不同观点。莱柯夫和约翰逊提到了隐喻；塔米提到了结构图式化（structural schematization）、注意的发展（development of attention）、注意的分布（distribution of attention）和语力（force dynamics）（文旭，2007：37）。兰盖克认为识解的维度包括选择、详细程度（specificity）、图形—背景、视角（perspective）、突显（prominence）、指示（deixis）、心理扫描（mental scanning）、勾勒（profiling）等。他在 2008 年的著作《认知语法》中又将这些维度简化为四个方面，即详细程度、聚焦、突显和视角。我们将在本书第四章基于兰盖克的识解维度，详细探讨主要识解维度的含义，以及它们如何影响小句及物性偏离典型的问题。

三、典型及物性的句法表现

（一）认知语法中的象征符号

语言不是孤立的系统，语法也不是独立于人的生活经验和认知能力的独立的表征层。认知语法坚持语言的体验观，认为所有层次的语言结构，包括及物小句都是由语义和语音极构成的象征符号单位。及物性是语义概念，它是小句的属性特征。即是说，及物性通过小句得以表达，典型及物性通过典型 NP+VP+NP 及物小句表达。认知语言学，尤其是认知语法，对小句结构有其不同于其他语言学理论的观点和认识，因此，我们有必要先在认知语法的框架下阐述小句的特征。

在认知语法中，一种语言只包括三种结构，语义结构、语音结构和象征结构。所有的语法结构和语法范畴无论语法单位大小，都是象征性的符号单位，只不过有复杂程度之分和抽象程度之分而已。也就是说每个语法范畴和结构都是形义配对体，是一个象征结构（用符号"Σ"表示），都是语义极（S）和语音极（P）匹配而成的单位，因此该单位具有双极性（bipolar）。句法是由小的象征单位组成大的象征单位的过程。根据兰盖克的定义，最小的象征单位（symbolic unit）就是音素。如单词dog，它的语音极可标注为 ［［d］－［ɔ］－［g］］，连接各个音中间的短横线"－"表示：这个语音极是由更小的语音单位合并而形成的更复杂的、更高层次的语音单位，这个语音单位用大方括号"［］"表示，同时，语义极则用［DOG］表示。语音极和语义极都可以作为一个单位，但只有当两个极象征性地结合在一起时，才构成一个象征单位即 ［［DOG］／［［d］－［ɔ］－［g］］］。象征性的含义指特定的形式代表特定的意义。语言就是这些约定俗成的象征单位的集合体。单词是象征单位，句子也是象征单位，它们只是单位大小和复杂程度的区别而已。

一个象征结构和另一个象征结构结合构成更复杂的象征结构，可表示为：$[\Sigma_1] + [\Sigma_2] = [\Sigma_3]$。这三个结构就构成一个符号集合（symbolic assembly），在更高的层次，$[\Sigma_3]$ 可能和另外的象征结构又形成更复杂的结构，表示为：$[\Sigma_3] + [\Sigma_4] = [\Sigma_5]$，以此类推，没有穷尽。以这样的方式，表达式体现出不同程度的符号复杂性，并可以逐步地被组合成单词、短语、小句、句子甚至篇章。词素是最简单、最基本的象征单位，简单的词素结构如名词复数 dogs，就是由两个象征符号 $[\Sigma_1] = [[DOG] / [[d] - [ɔ] - [g]]]$ 和 $[\Sigma_2] = [[PL] / [z]]$ 通过整合（integration）而构成的较为复杂的单位 $[\Sigma_3] = [[DOG] - [PL]] / [dɔg] - [z]]$。如下图所示（Langacker, 1990: 107）：

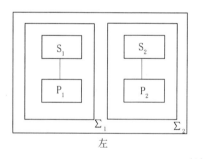 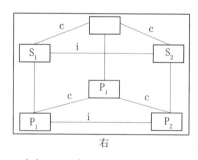

左　　　　　　　　　　　　　　右

c=composition　　i=integration

图 2-5　象征符号

在左图中，由标有符号 Σ_1、Σ_2 的小长方框表示每一个象征符号单位。它们都分别由语义极 S 和语音极 P 构成，两极之间的竖线表示象征关系。Dogs 是一个合成体，用大方框表示，它是由两个更小的象征符号单位构成，图中由标有符号 Σ_3 的小长方框表示。两个成分结构 $[\Sigma_1]$、$[\Sigma_2]$ 通过语义极和形式极的相互整合构成符号复合结构 Dogs。右图是内部整合图，通过该图可以清楚地看出两个极分别通过各自的整合（图中用字母 i 表示），形成更为复杂的象征符号：$\Sigma_3 = [[S_3] / [P_3]]$。由上图可知，整合后的语义结构不仅仅是合成语义极 $[S_3]$，即 $[[DOG] - [PL]]$，还包括各个成分，分别为 $[DOG]$ 和 $[PL]$，以及它们与合成语义极之间的关系，图中用字母 c 表示。$[DOG]$ 和 $[PL]$ 是名词 dogs 语义结构的重要部分，有时说话者可能更关注每个成分的语义。总之，通过整合方式生成的语法构造并非各成分的简单相加，还包含各成分与整体的关系。语言中大部分的象征符号都可以在一定程度上作这样的成分分析。

（二）作为象征符号的及物小句

语法范畴也是象征符号单位，如词类。名词和动词并不像传统语言学理论所认为的那样没有任何意义。认知语法理论认为，名词的语义就是对事体的勾勒，而动词则是对事体间关系的勾勒。有别于传统语法等其他语法理论，认知语法对于名词、动词、小句结构都有不同的、独立的理论框架，比如对于词类的划分就是通过突显侧面为主要依据的。因此，首先简要描述在认知语法理论框架下名词、动词以及小句的本质特征。与其他的语法概念一样，它们都有语义特征，并且都是图式化、概念化的，对图式特征的描写要参考基本认知能力以及经验中的概念典型。名词范畴典型是关于物体的概念，而动词范畴典型的概念基础则是参与者在力动态事件中的能量交互（Langacker，2008a：103）。名词和动词的概念原型都源于前文所提的弹子球模型，但它们的特征却截然相反。名词和动词的典型特征可分别作如下表述：

名词：①一个物体由实在的物质构成。

②一个物体存在于空间之中，在该空间里它有边界，并且有自己的位置。

③在时间上，一个物体可以永久地存在，因此在时间域并不占据某个位置。

④一个物体在概念上是自治的，因为对它的概念化不需要依赖于所参与的任何事件。

动词：①一个能量的交互本身不是物质的，包括变化和能量的传递。

②一个事件主要存在于时间中，在时间域是有边界的，并且有自己的位置。

③一个事件在空间的位置依赖于其中参与者的位置。

④一个事件在概念上是依赖性的，因为对它的概念化要依赖于对交互过程中的参与者的概念化。

（Langacker，2008a：104）

这些典型是我们经验的基础，而这些经验又都是普遍存在的。在此经验基础上，通过人的基本认知能力如归类（grouping）、物化（reification）等，抽象出名词和动词的概念图式。名词是对事体的勾勒，而事体是在归类和物化的认知操作下的任何产物，突显其事体性，具有概念自主（conceptually autonomous）的特征。与之相反，动词是对过程的勾勒，而过程属于一种复杂的关系，是通过在认知时间轴上的顺序扫描而形成的，突显其动作性，具有概念依赖性（conceptually dependent）的特征，因为我们必须参照该过程中的参与事体才能对过程进行概念化。

小句结构跟动词一样，勾勒的是一种过程，是受时间影响的一种关系，同时也是概念依赖性的。及物小句是一个完整的定式小句（finite clause），是语法组织结构中最为关键和核心的单位。小句与不定式结构或分词结构不同，后两者是对一个过程的整体识解，是非过程性的、未入场的（ungrounded），而一个完整的小句则跟一个完整的名词性结构一样，是入场的（grounded）。小句包含一种过程，属于不同种类过程中的一种，通过言语事件和说话人表达出来。一个动词指定何种过程，而一个完整的小句则表示某一入场过程类型的具体实例。可见，小句的中心是动词，正如名词性结构的中心是名词一样。小句是我们谈论世界或是即将发生的情况与自身所处环境相联系的基本工具。虽然小句所描写的是与时间有关的、受时间影响的过程或关系，主要由动词标示，但因为关系是概念依赖性的，关系概念本身预先假设了它的参与者，所以名词性的结构也需要包括在小句中。及物小句是一个形、义配对的象征单位，其语义极表现为及物性，及物性的概念语义是典型事件模型。根据该模型，主要是涉及由两个参与者构成的能量传递事件，而及物小句就是对这一事件的语言表达形式。及物小句形式结构可用图 2-6 表示。

兰盖克（1999：212）指出："复杂象征单位的表达式就是构式。因此，一个构式就是一个象征复合体，包括成分象征结构和复合象征结构，也包括结构间的关系。"据此定义，及物小句自然属于较为复杂的象征符号单位，也是一种构式，在图 2-6 中用符号 Σ_4 表示。这个更为复杂的象征单位是由较小的、更为简单的单位构成的，用符号 Σ_1、Σ_2、Σ_3 表示。它们也都是由语义极和语音极构成的。用大写英文字母表示语义极，用小写的英文字母表

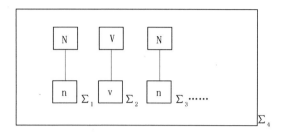

图 2-6 作为复杂象征单位的及物小句

示语音极，那么，及物小句这个复杂象征单位的核心构成成分为
$\Sigma_1 = [N/n]$，$\Sigma_2 = [V/v]$，$\Sigma_3 = [N/n]$，图中的省略号表示小
句的其他非核心成分。位于最外层的长方形表示及物小句这个复
杂象征单位Σ_4。Σ_1、Σ_2、Σ_3这三个核心成分准确来说分别指入
场的动词，由它指定过程类型以及两个名词性结构（nominal），由
它们标示两个参与者。正如前文所述，小句也是入场的，它描写
的是具体情景下的事件、行为。要想充分理解图 2-6 中所示的及
物小句的句法特征，还需要引入另一个重要概念：入场（ground-
ing）。

　　入场是认知语法体系中的重要概念，现在已经逐步完善、发展
成了一套核心理论，即入场理论（grounding theory）。入场不是一
个语法范畴，而是一种语义功能，把概念组织起来，使名词短语
或定式小句得以合格。每种语言都有某些外显的元素具体发挥入
场功能（完权，2009：28）。名词短语和小句都必须和认知场景发
生联系才可能成为实际话语。就这一方面来看，名词短语和小句
十分相似。一个名词标示某种类型的事体，而一个名词短语，是
入场的名词性表达，则标示某一类型中的具体实例。比如单词
house 表示众多实体中的一种。我们的现实世界中存在无数这种类
型的实例，而名词短语 that house 或 the house 则从无数的实例中明

确指出这一具体的实例，并且是说话人和听话人都能明确识别出来的。

　　小句入场和名词入场也存在差异，我们对小句的认识和关心并不像对名词所关心的那样，是对某具体实例的识别，而是对小句所描写的事件是否存在的认识。小句入场反映出人非万能，认知主体不可能把某一事件的方方面面都尽收眼底，而只是在自己特定的位置以特定的视角进行观察，指明某过程类型中的某一具体实例。小句入场主要通过勾勒事件类型，比如光杆动词 kill 只勾勒出"杀"这个过程，而过程中所涉及的参与者和环境都没有指明。因此，还需要名词短语来指明参与者和环境成分等。

　　除此之外，时间和认识判断也是与小句有关的最基本概念。时间和认识判断在小句中也有它的语言表达方式。时态（tense）通常指相对于说话时间而言，发生的事件在时间轴上的位置，而情态（modality）则表示事件发生的可能性。因此，入场小句用时态和情态来指明过程是真实的还是想象的，是过去的还是现在的，是可能的还是不太可能的。我们可以说入场的小句就相当于传统上的定式小句（Taylor，2002：391），从形式上来看，时态和情态是必不可少的。

　　图 2-6 中的 Σ_4 指的是入场的及物小句。骨干小句，如 girl like boy，属于未入场小句，不能成为实际话语，不是 Σ_4 所代表的内容。同理，Σ_4 自身也应该是一个复杂的象征单位，由动词和时态或情态标记组合而成。对于图 2-6 还有一点需要进一步说明，图中省略符号代表的其他成分，包括形容词、副词、介词短语等，这些成分根据表达需要可能出现在小句中的其他位置，并非只是如图所示的位置，图中主要是为了表示有这样的成分存在。

　　在分析及物小句时，一方面，我们需要注意语法单位并不是能够完全分开的独立的盒子，可以被分开放置或搬运，而是相互联系、界限模糊的。较小的象征单位可能被层层级级地组合成较大的语法单位，而较大的语法单位也可以被分解为很多较小的单位。因此，对于及物小句的描写要注意其成分单位和复杂象征单位及结构之间的关系。另一方面，对于作为及物性句法表现的及物小句的描写必然需要将其结构所表达的及物性作为基础。说话者想要表达不同的意义，导致语言表达形式产生差异。换言之，不同意义的表达是生成不同句法结构表达式的动因。我们需要从意义入手，从经验维度、认知维度等方面去考察语言事实的生成理据。

（三）典型及物性的句法特征

认知语法认为句法结构都不是自主的，而是把意义作为其产生的基础。典型及物性在语言形式上的投射就是定式小句，这种定式小句是入场的小句，也就是传统上所说的典型及物小句，主要由两个名词短语和动词组成，可写为：NP+VP+NP。典型及物小句的主动语态反映出居于事件外的第三人对这一典型的物理能量传递事件的常规观察和加工。因此，典型及物小句是非标记性的。该类小句内部的各成分如何反映典型及物性这一意义，并且构成怎样的语法关系，是我们接下来将要讨论的焦点。

一方面，典型及物小句中的主语和宾语一定是由入场元素构成的完整名词短语。典型及物事件模型主要包括两个参与者，这两个参与者在典型及物小句中由两个完整名词短语（full nominal）表达，完整名词短语具有"入场"特征。这也表明典型及物小句中的参与者不只是某种类型（type）的事体，而是某种事体的具体实例（token）。在语言表达上，体现为不同形式的入场元素。入场元素可能是内在的（intrinsic），如人称代词（they、he 等）以及姓名（John、Lily 等）；也可能是间接（indirect）的，如领属关系

（John's book）；当然，主要还有外在的元素，如冠词（the、a）、指示代词（this、that）、数量词（some、all）。

小句中动词的主要功能是勾勒所描写事件或过程的类型。典型及物小句所描写的过程是在一定时间内完成的，应该由完成动词（perfective verb），而不是由非完成动词（imperfective verb）勾勒。所谓完成动词就是指在时间轴上是有边界的，也就是说有时间的边界性，而且它所勾勒的关系内部是非均质的，随着时间的变化而发生某种改变。比如动词 jump、kick、ask、learn 等属于完成动词，勾勒有边界的事件。相反，非完成动词并没有具体边界，由这类动词勾勒的关系内部是均质的，是一个持久的情景，在时间轴上具有延续性特征，比如动词 resemble、like、love、contain 等。显然，它们只能勾勒非典型事件。此处的完成动词对应万德勒（Vendler，1976：106）划分的活动动词（activity verb）、完结动词（accomplishment verb）和达成动词（achievement verb），非完成动词则对应状态动词（state verb）。

根据上文所述的典型及物性语义特征可知，典型及物事件是有能量传递的，并且造成受事发生状态的变化，并且是可被观察的变化。因此，并不是所有完成动词都能够勾勒这一典型事件。只有那些包含致使语义因子的、造成状态变化的、瞬间性的完成动词才能勾勒这一典型事件，如动词 kill、break、damage 等。像动词 move 所勾勒的就不是典型事件，因为在该事件中，动作对象只是空间位置发生了改变，而内部状态并未发生变化，因此动作对象充当的原型角色不是受事，而是移动物（mover）。

另一方面，小句中的动词也必须入场，需要有时态和情态标记等。典型事件是过去发生的，只有发生过的事件才可能导致变化的发生。因此，典型及物小句是由含有致使义的完成动词通过过去时进行入场标记的。在该类小句中，主语和直接宾语分别对应施事和受事角色。具体特征可总结如下：

①由两个完整名词短语勾勒事件参与者的具体实例；

②由动词勾勒的过程必须是能使受事产生内部状态变化的实例；

③动词入场，有过去时态标记；

④小句使用主动语态，可以改写成被动形式；

⑤施事为小句主语，受事为小句直接宾语。

典型及物小句应该是主动语态而非被动语态，被动句结构与典型及物小句所体现的观察方式截然相反。被勾勒的行动链的"头"并没有被选择成为勾勒关系的射体，而相反行动链"尾"却获得了最高的认知突显。但这种识解方式是非常规的，不符合行动链内部的方向性，即能量从上游传递到下游。被动句本身是不及物结构，因为虽然有位于下游的受事，主动句的宾语作主语，但宾语被定义为主语下游的突显参与者。那么，在被动句中原主动句的主语不能出现或者只能通过介词 by 作为附加成分。由此可见，被动语态肯定不可能是典型及物小句的语态。但从另一方面看，被动的可转换性与及物性密切相关。博林格（Bolinger，1957：67）早就指出被动化不能只由动词决定，如以下两例所示：

（76）Private Smith deserted the army.

（77）＊The army was deserted by Private Smith.

（78）All the generals deserted the army.

（79）The army was deserted by all its generals.

句（76）和（78）中的动词虽然相同，但前一句的被动形式却不能被接受。从小句所表达的语义上来看，句（76）中的主语史密斯将军只是一个单独的人，他的个人行为并不足以对整个军队产生实质性的影响，因而被动形式句（77）不能被接受；而句（78）的主语是所有的将军，他们共同的行为很可能对整个军队产生重大影响，故其被动形式句（79）是合法的。这一事实说明能够做被动句主语的一定是真正位于能量传递行动链下游的受事。赖斯（1987）指出被动化与及物性，尤其是与及物性的语义特征有紧密的关联。可见，典型及物性的语义特征之一有接受能量并发生内部状态变化的受事是与被动化紧密相关的特征之一。因此，典型及物小句的句法特征应该包括可被动化。我们可以作出这样的预测：及物性越高的小句，被动化的可能性越大。

最后，在形式层面上的小句内部各成分之间的语法关系，如主语、直接宾语都是重要概念，而认知语法对这些概念的定义与其他语法理论截然不同。认知语法中的主语和宾语是有意义的象征符号单位，也是体现典型效应的范畴。在典型及物小句中，主语在语义上是典型施事，直接宾语是典型受事，具有典型性，居于中心地位。我们不仅可以通过人的一般认知能力对主语和宾语进行描写，而且还"可以从概念层，进行高度抽象地定义，使之可以适用于所有不同的使用实例"（Langacker，1990：224）。一个完整的小句是由动词勾勒的一个整体性过程，因此该过程可以抽象定义为随着时间发展而建立的一种关系。主语和直接宾语的地位可以归结为在这个勾勒关系（profiled relationship）中，给予参与者的一种焦点突显（focal prominence）。

主语的语义典型是施事，位于行动链的链首，是具有能量的参与者，是勾勒关系中的主要图形（primary figure），是人们着重描写的部分。因此，我们可以说它是勾勒关系的射体（trajector）。而相反，直接宾语的语义典型是受事，位于行动链尾，是勾勒关系中的界标（landmark）。因此，直接宾语是一个突显的参与者，并且位于作为主语的参与者的下游，是关系述义中次突显的事体。可见，一个小句不能没有主语，宾语则依赖于勾勒关系中是否存在位于下游的额外参与者。主语在小句中具有最高的认知突显性。主语和直接宾语都由名词短语标示出来，它们的关系类型则由动词标示。

（四）及物性的判断参数

及物性是体现典型效应的范畴，因此典型及物性特征的确定对于研究及物性偏离典型的路径和方式有重要意义。在实际使用中，大量的小句属于体现非典型及物性的非典型及物小句，而对于它们的认识需要依赖于典型及物性。在更加抽象的层面可以把及物性定义为通过小句结构表达的一种事体间非对称的能量传递过程或者关系，典型及物性就是指这种物理能量从行动链上的施事单向地传递给受事，造成受事发生性质变化。

事实上，现实生活经验中并非所有事件都是典型及物事件，体现典型及物性的能量传递过程的小句并不多，大都在不同方面有所偏移。比如有的能量传递并不一定引起参与者的状态变化等。人类具有这样一种认知能力：可以将典型作为参照，并使用不同的认知加工手段，如隐喻、转喻等编码成大量的非典型及物小句，反映出不同程度偏离典型的及物性。为了判断非典型及物性偏移的程度，我们需要设定有效的标准进行判断。

前文所提的语法理论以及一些关于参数的研究都没有厘清语义和句法特征之间的关系。按照认知语法的思想，典型及物性的语义特征是最为核心的，一切研究的出发点和基本，认知主体通过语言编码将这些语义特征反映到小句结构当中。因此，典型及物小句是这些语义特征的外在表现形式，是我们可以观察和分析的对象。我们还可以通过语义内容和识解方式预测小句结构。当我们在判断小句及物性偏离典型程度时，不能像霍伯和汤普逊那样，将语义和句法特征相互混合，而角田太作的参数列表更多地列举了句法特征。由于语义是句法结构形成的内在动因，因此我们应主要参照语义特征，或句子内部的语义关系，句法特征只是语义特征通过语言编码的外在表现。

根据典型及物性的主要语义特征，我们在兰盖克的典型事件模型基础上，进一步添加如时间等必要因素，使之更为清楚地表达典型及物性的语义特征，构成如下图所示的典型及物事件认知模型：

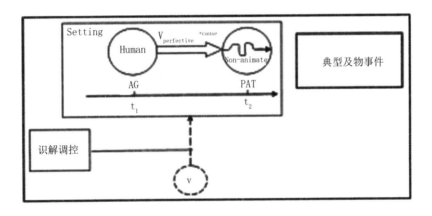

图 2-7 典型及物事件认知模型

典型及物性的概念语义以事件为概念化的基础，因此，判断参数可依据典型及物事件细分为三个维度的语义特征以便于操作。这三个方面特征分别为：事件类型、施事参与者和受事参与者。在对小句及物性进行判断时，需将以上三方面语义特征相结合，作综合考察，在微观层面上描写出及物性偏离典型的具体方式。如果小句拥有所有的语义数量特征，那么，该小句就体现出最典型的及物性，及物性最高。如果小句只拥有部分语义数量特征，那么，小句所体现的及物性就偏离典型。具体语义特征可用下表表示：

表 2-1　典型及物性的语义参数特征

典型及物事件							
+完成性	+瞬时性	+动态性	+致使性	+接触	+单向性	+不对称性	+能量传递
施事							
+有生命		+意志性			+施动性		
受事							
-无生命的	+性质变化		+个体化		+已存在		+受控性

根据以上语义参数标准，前文所举的句（1）、（15）、（17）拥有所有的语义特征，因而都属于典型及物小句，体现典型及物性。以下小句也属于典型及物小句：

（80）John damaged Mary's car.

句（80）是对典型及物事件的描写，符合所有语义参数。这一典型及物性语义特征也反映在外在的语言形式上，因此从形式上看，该句也属于典型及物小句。主语 John 和宾语 Mary's car 都是完整名词短语，前者通过内在元素入场，后者则依靠间接元素，动词勾勒出了典型事件的具体实例。动词用过去时标记，并且是非否定形式，表明小句表达的是已经完成的事件。

根据表 2-1，我们可以更加精确地判断小句及物性偏移程度的问题。该语义参数列表与类型学研究的列表相比，具有以下优势：

首先，不会出现霍伯和汤普逊列表的操作难题。比如句（59）中，只包括一个参与者，为主语 Tom，从事件类型来看，能量传递的行动链因缺少接受能量的受事而无法形成，导致缺失大量的语义因子，小句及物性极低，可以说几乎没有及物性。而句（58）有两个参与者，虽然缺省动态性、完成性、瞬时性、整体性质变化等主要语义特征，但有行动链的形成，存在能量的传递。因此小句及物性较高，高于句（59）。用以上的参数列表，不仅能够很好地判断及物性偏移的程度，还能够详细揭示具体是如何偏移的，即偏移的具体路径和方式。

其次，角田太作的列表虽然也能够解决以上两个例句的及物性高低的判断问题，但不能区分其间的细微差异，而表2-1却有两者兼具的优势。比如句（63）和（64）的及物性偏离程度，如果用角田太作的列表判断，它们的及物性是相同的。但用表2-1的典型及物性语义参数特征判断，两句的及物性差异主要体现在事件类型方面：句（63）具有［完成性］的语义特征，而句（64）中的动词使用进行体标记，所以整个事件不具有［完成性］特征。显然，句（63）的及物性高于句（64）。

简言之，典型及物性语义参数特征作为判断小句及物性偏离的标准，避免了类型学参数特征不系统、任意性强的弊端。我们所设定的所有语义特征不是任意的堆积，而是基于典型事件模型而相互联系的有机体。在此基础上，我们还进一步推论出语义特征并非同等重要，事件类型中与能量传递的语义特征是最重要、最核心的语义参数。如果小句的语义没有能量传递行动链的形成，缺省了［能量传递］的语义特征，就缺少了及物性语义中最核心的特征，因此小句体现的及物性较低；如果是由于只有一个参与者，即缺省受事的语义特征，那么小句的及物性极低；如果存在能量传递行动链，而只是其他方面的语义特征的缺失，那么小句的及物性仍然较高。综合看来，我们可以通过以上数量特征将小句及物性偏移大致分为较高及物性、较低及物性、极低及物性，逐渐向不及物性靠近。

四、及物性的属性特征

（一）及物性的界定

我们认同类型学的整体视角，将及物性视为整个小句的属性特征，反对传统语法等理论将及物性界定为动词特征、包含及物与不及物两种对立情况的观点。及物性不是动词特征，动词具有极大的不可预测性，表现在不同情景下，同一个动词可能表现出不同的及物性，也就是说及物动词可能用作不及物动词，也可能不用作不及物动词，反之亦然。这种高度的多变性不利于系统解释及物性问题。根据兰盖克（2004）的认知语法观，第一，及物小句可以看作一个象征符号单位，也可以说是构式，包含语义极和语音（或形式）极。小句的语义极表现为及物性，而语音（或形式）极则表现为 NP+VP+NP 的形式结构。第二，及物性是一个语义概念，通过小句结构得以表达。及物性的意义是整个小句所描写事件及事件参与者关系的概念化，即及物性是对事件的概念化。典型及物性的意义，在概念层次上，实际上就是两个事体之间具有能量传递的典型及物事件模型。第三，及物性是一个体现典型效应的语法范畴。基于对大量语言现象介于及物与不及物之间的中间地带这一事实，我们将及物性看作一个范畴，而每一个具体的及物小句所体现的及物性则是该范畴的成员。由于及物性高低不同，其在范畴中的地位也不相等，体现出典型效应。基于此认识，我们可以进一步归纳出及物性的具体属性特征。

（二）物理性

典型及物性的概念语义模型为典型事件模型，其中一个最为基本和重要的构成模型为弹子球模型。弹子球模型的核心是行动链，它主要涉及物质世界中事体间的相互作用、运动以及能量的传递。根据上文，以行动链为中心的弹子球模型将塔米的四个独立意象系统作为参照。塔米早在 20 世纪 70 年代就将人类组织语言的方式、特征与其他非语言的认知域，如空间、视觉等特征进行比较，发现了诸多相似性，并以此为基础总结出了四个系统。与我们的研究最为相关的是几何图式化（geometric schematicization）和力动态（force-dynamics）这两个意象系统，弹子球模型正是这两个意象系统的融合。

几何图式化意象表明我们能够把某情景中的空间和时间形式抽象化，更为重要的力动态涉及事件构建中各成分之间相互作用的力。这些意象系统的经验基础都是物理性的。之所以称之为物理性的，包括以下两层含义。首先，人们生活经验中所经历事件涉及的所有概念，如空间的大小、时间的长短、物体的形状、颜色以及运动、碰撞等都可以通过我们的耳、眼、鼻等感觉器官所感知。物质和物质之间的作用是机械性的、接触性的，并没有经过任何化学变化过程。其次，力动态模型、弹子球模型等所描写的经验事件中涉及的概念，例如力、能量、运动等都要参照物理学的基本原理和规律。

物理学是研究物质运动最一般规律和物质基本结构的学科，它的研究对象是大到宇宙小到基本粒子的一切物质。它注重于研究物质、能量、空间、时间，尤其是它们各自的性质与彼此之间的相互关系。几何图式化系统中最重要的时间和空间概念也是物理学中的基本概念，力动态和弹子球模型可以通过物理学中有关力和能量的概念来理解。力（force）是物理学的分支——力学系统中最基本的概念。在力学系统中，力的概念可定义为物体间的相互机械作用，这种作用使物体发生运动效应（外效应）和变形效应（内效应）。我们更为关心的是由力而导致的运动效应。力还具有其他特征，比如力的物质性（力不能离开物体而单独存在）、力的相互性（力的作用是相互的）、力的矢量性等。力是物体（或物质）之间的相互作用。一个物体受到力的作用，一定有另一个物体对它施加这种作用，前者是受力物体，后者是施力物体。只要有力的作用，就一定有受力物体和施力物体。我们常说，物体受到了力，虽然没指明施力物体，但施力物体是一定存在的。力是不能离开物体而单独存在的，而且力的作用与物质的运动一样要通过时间和空间来实现。能量也是物理学中的重要概念，能量是运动物体转化的量度。世界万物在不断运动着，运动是物体最基本的属性，其他都是运动的具体表现形式，空间属性是物质运动的广延性体现，时间属性是物质运动的持续性体现。由于物质具有不同运动形式，能量也有各种不同形式，能量在运动过程中可以相互转换和传递。与本书的研究密切相关的是宏观物体的机械运动对应的能量形式——动能。总之，这些有关力和能量的物理现象，都是人们从生活实践中依赖于感官的感受，总结、提炼出来的，是我们充分理解典型及物性认知模型中核心概念的基础，也是物理学研究的内容。

物理学常常是其他自然学科研究的基础，同时也被引入更多的学科。弗洛伊德将力与能的概念应用到心理学，提出了心理能量（简称心理能）的概念，他认为这些本能力量（利比多，libido）表现的方式如同物理学中的能量，因此可以用能量的模式来研究。力的概念也被逐渐应用到语言意义的组织建构中（Talmy，1976，

1981，2000；Sweetser，1984；Pinker，1997）。塔米关心的重点是
物体在力的作用下的相互作用，用力动态模式来分析语言意义的
建构，该动态模式包括力的发出、相应的反作用力、克服反作用
力等。

作为典型及物性概念语义重要内容的弹子球模型所描写的运动
事件，也包括空间、时间、物体、力和能量等物理性的概念，也
可以用物理学中的能量模式来研究。具体而言，世界的物体中有
些带有能量的物体处于运动状态，当这种带有能量的物体与一个
静止的物体发生接触时，便会对静止物体发出一定的作用力，该
力导致静止物体获得速度，产生运动，同时施力物把能量传递给
受力物。以此类推，最终在能量的传递过程中，因为能量的损耗
而消失殆尽。这就是弹子球模型或者行动链所描绘的物理事件，
这一事件当然是依赖于某种时间和空间等因素而得以实现的。我
们认为兰盖克所说的能量传递与塔米的力动态一样，其中心意义
都是物理性的。既然及物性的概念语义与具有物理性的能量传递
事件紧密相连，并以此为经验基础，那么我们也可以进一步推论
说及物性自身也是具有物理性属性的，相应的典型及物小句是对
这种物理运动事件的语言表达形式。因此，对及物性的研究需要
借助于物理的力和能量的概念及其规律。例如力和能的概念可以
应用到及物性语义的其他认知域，比如心理域和社会域的及物性
都是以物理域的力和能概念为基础的。

（三）动态性

虽然及物性是对事件的表达，但及物性并不是对客观事件的镜
像映射，而是通过人对现实事件进行概念化而形成的，因此，及
物性的意义是概念化的结果。经概念化产生的典型事件模型由两
个认知模型，即弹子球模型和舞台模型构成。这两个模型都是动

态的，而非静态的。从典型及物性的认知模型来看，及物性的动态性首先体现在有时间维度，这种时间维度可从两个方面理解：一方面指加工时间，另一方面指认知时间。及物性的概念内容是动态的。舞台模型描写的是观察者在特定的环境和参与者的情况下，划分或组合不同事件，且合并为具有整体性事件的行为。这一观察过程涉及观察者角度的选取，焦点的调整等，也就是选取不同的识解方式。因此，舞台模型所描写的过程实质上是个认知加工过程，包括概念化和识解。概念化在本质上是动态的，是依赖于心理加工的过程（Langacker，2001：8）。概念化不是依赖于静态的储存在大脑中的实体，而是依赖认知活动而产生的。准确来说，即使是已在我们大脑中建立的词汇概念，如"狗"，也会受到每次具体使用情况的影响。概念化是认知活动，需要占据一段加工时间（processing time），可以用大写字母"T"表示。加工时间可分成若干小的时间段，在每个足够小的时间段上都会出现一段持续性的时间，比如下图中的 T_1—T_2、T_2—T_3 等。这个概念加工时间一定会在语言层面上有所表达。在同一情景下，通过认知加工时间，认知主体会对事件中的参与者进行选择，再进行突显排序等，最后编码为不同形式的语言表达。

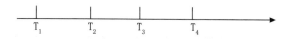

图 2-8　认知主体对事件的加工时间

及物性动态性特征的时间维度还体现在另一种时间概念上。及物性的概念语义与现实中的事件有关，每一个事件都有其发展的时间，称之为认知时间（conceived time）。同时，每个事件概念也需要一些加工时间，上图中用大写的 T 表示。这两种时间在事件的概念化过程中都起到重要作用。例如某人用钉锤打破了玻璃，这是个有能量传递的及物事件，它的时间性如下图所示：

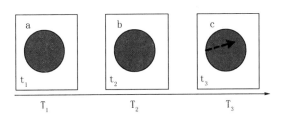

图 2-9 及物事件的时间动态性

上图中小写字母"t"表示事件发展的时间，即认知时间。大写字母"T"表示人对该事件的加工时间。我们假设这一事件经历了三个发展阶段：开始、中间和最后阶段。最后一个圆圈内的虚线表示受事接受能量并发生变化，即玻璃碎了。每个阶段都有对应的认知时间以及加工时间。实际上，每个加工时间的短暂片刻，都会激活观察者"C"大脑中的某个状态（a 或 b 或 c）。因此，这三个过程可用符号表示为 $[a/C]\ T_1$、$[b/C]\ T_2$、$[c/C]\ T_3$。根据不同的加工情况，可能动作的发出者被激活，可能工具被激活。所以编码后可生成以下不同的及物小句：

(81) John broke the glass.

(82) The hammer broke the glass.

由于在识解加工过程中，对参与者有不同的认识、突显等，同一客观事件被编码为不同的小句进行表达。我们的识解方式多种多样，生成的小句也就各不相同。甚至有可能出现有些及物事件通过不及物小句表达，如下例所示：

(83) The glass broke.

以上三句是对相同事件的不同识解，该事件本身是典型及物事件，有施事、受事和能量传递、变化等。但句（83）表明说话者只关注事件的最后结果，而忽略其他参与者和过程，从而编码为只有一个参与者的小句。即使是同一情景，也很可能生成及物性高低程度不同、意义不同的及物小句，这一事实揭示了及物性动态性的另一个方面。及物性不是固定储存于大脑中、始终不变的概念，它是说话者每次在具体情境下，对当前现实事件进行即时认知加工（on-line processing）的结果。究竟是识解为高及物性事件还是低及物性事件，与当时的环境、表达目的、人的知识系统等诸多因素都有关系。

总体而言，及物性的动态性特征可从以下三方面理解：第一，及物性的概念内容是动态性的，典型事件模型以动态移动和能量传递的事件为概念基础，有认知时间维度；对事件的识解是在加工时间内的认知操作，占据一定的加工时间，概念内容和识解加工都具有时间维度。第二，及物性是说话者对情景事件即时在线加工的结果，而不是固定存在于大脑中，与事件类型形成直接对应的概念，高及物事件可能被识解为低及物事件。第三，及物性高低是动态变化的。小句及物性可能稍微偏离典型，也可能偏离得更远，成为边缘成员，丢失大部分的范畴特征，而开始获取相邻范畴的特征。

（四）多维性

霍伯和汤普逊在她们的类型学研究中，使用了一系列的句法和语义特征来判断及物性高低，表明她们已经注意到与及物性密切相关的并不只是动词及其论元。从认知语法的视角来看，及物性的多维性特征体现在以下方面：

一方面，在概念语义层面，及物性体现出多维性。及物性的语义包括概念内容以及对该内容的识解，而内容和识解本身都是由多种参数决定的。典型及物性的概念语义是典型事件模型，该模型本身就是由三个认知模型而构成的复杂认知模型，这种复杂的认知模型就是兰盖克所说的认知域矩阵。每一个语言表达都会激活大脑中的一系列认知域，它们的集合就是认知域矩阵。每一个认知域，从广义上讲表示一种概念或是某领域的经验。典型事件模型作为一个认知域矩阵必定涉及多个认知域。这些认知域可能是具体的、实在的，如基本认知域。及物性就涉及多个基本认知域，包括时间、空间等。认知域也可能是抽象的、高度图式化的。与及物性有关的非基本认知域包括能量传递、运动、碰撞等。认知域通常难以描述或划分界限，因为包含在认知域中的知识是交互的、百科性的（Haiman，1980）。也就是说，对及物性概念内容的理解要从多个维度进行考察，包括文化、交际、环境等诸多语用因素。及物性问题既涉及结构和语义因素，又涉及话语和语用因素（吴义诚、李艳芝，2014）。

另一方面，对概念内容的识解调控也同样涉及多个维度。正如前面所述，识解方式的选择与说话人想要表达的详细程度，对事件采取的感知的、情感的视角等都有密切关系。而识解的不同，会直接影响最终语言编码的形式，比如对于时态、语态、主语的选择等都可能不同。从句法形式层面来看，及物性不只是通过动词及论元来表现，而是通过整个小句来表现的。正如霍伯和汤普逊使用多种参数，及物性不是只依赖于动词，而是通过整个小句及其内部的句法关系等来表现的。一个完整的及物小句除了表示事件类型的动词与表示参与者的名词这样的核心成分外，还包括很多非核心成分，比如修饰成分、附加成分等，这些成分也会影响小句及物性的意义和高低变化。因此，在句法层也需要考察这些成分的作用，它们都可能体现出说话者认知加工的不同，从而反映及物性意义和高低的差异。例如：

(84) She saw John.

(85) *She saw John into the room.

(Gisborne，2006)

句（85）中的方向性介词短语 into the room 阻碍了能量接受者 John 的出现，从而降低了该小句及物性，可以说它是一种去及物手段。及物性是对真实事件的概念化，小句是说话者对及物性的语言编码，其中动词只是勾勒出过程的类型，显然只能作为影响小句及物性的因素之一，而整个入场的小句，需要通过各种成分来实现，体现为时间标志语等成分。这些成分都可能成为及物性高低变化（transitivize/detransitivize）的句法表现手段。总体而言，及物性在语义层面和句法表现形式上都体现出多维性特征。对语义的理解要参考经验、百科知识、交际等因素，句法表现形式则需要囊括整个小句的核心和非核心成分。

在对前期及物性研究的回顾中，我们发现有些理论思想，比如格语法、角色参照语法等，虽然都开始注意到语义在语言分析中的重要性，也尝试从语义的角度对及物性进行研究，但它们并不像认知语言学那样用概念结构描写意义，也就是说没有从心智产物的概念层来探索语言结构的意义。因此，它们不能解释语言背后起重要作用的人的认知加工过程，也不能突出意义的动态性，以及人的想象力和创造力。与之相反，认知语言学强调语言结构的意义，该意义源于对生活经验的概念化。任何一个结构都是概念模型和与之对应的语言形式的配对体（Lakoff，1987）。

我们将及物性视为小句特征，是语义概念，与词汇一样体现典型效应，其句法表现形式为 NP+VP+NP 及物小句。及物性的意义来源于人类生活经验中的真实事件，典型及物性的概念基础源于对两个物体间相互碰撞后产生能量传递这类事件的观察，在此基础上概念化得到典型事件模型。该模型是一个复杂的认知模型，由弹子球模型和舞台模型组合而成。典型及物性小句象征性地反映了能量传递这一真实的生活体验，是及物性的语言表现形式。

及物小句是由两个名词性短语和动词融合而成的，形、义配对的复杂象征单位。它的语义极表现为及物性，在形式上，小句中的名词性短语勾勒事件参与者，动词勾勒过程类型。该小句不是骨干小句而是"入场"小句，是现实生活中使用的小句。在此基础上，归纳出及物性的三个属性特征，即物理性、动态性和多维性。这三个特征相辅相成，并不完全相互排斥，而是相互补充，比如物理性中的时间概念也是及物性动态特征的重要维度，它们又各自分别突出不同侧面的内容。

在充分认识典型及物性的语义、句法特征的基础上，本章进一步归纳出了判断小句及物性偏移程度的语义参数，包括事件类型、施事参与者和受事参与者三个方面。这三个方面共同形成判断小句及物性偏离典型的参数体系，为后面的论述奠定了理论基础。

第三章 小句及物性层级性

及物性体现典型效应，该范畴中成员之间是一种不平等的关系。典型成员居于中心位置，拥有最多的范畴决定性特征，以及最少的其他范畴的特征，及物性最高，是非典型成员的认知参照点。及物性的层级性指及物性高低不等，从及物典型向外延伸，及物性可能发生较大或较小程度的降低，形成典型及物性、较高及物性、较低及物性、极低及物性等不同层级的连续体。由于小句所描写的事件类型、两个参与者的语义角色等都可能偏离典型，导致及物性不同程度降低。据前文所知，典型及物性的概念内容是典型及物事件，对该事件的常规的识解方式就是把动作发出者作为施事，能量的接受者作为受事。但现实世界中存在无数的类似事件，它们可能在某些方面与典型事件有相似之处，而在另一些方面又可能存在不同之处，比如有些事件虽然有能量传递，但接受实体并没有因此而产生变化等。相应的，典型及物小句中的语义角色原型在非典型的及物小句中也会有所不同，可能出现更加精细的角色划分。比如在非典型及物小句中的施事角色会有所偏离，我们能够识别常见的非人类的、有生命的施事，但还可能出现不同类型的体验者，它们依赖于心理活动的类型，可能是知觉的、情感的或是智力的。受事角色也存在偏移，可能出现一些混合（hybrid）角色（如有生命的体验者）等。

及物性偏离典型是普遍存在的现象，也就是说非典型及物性的数量多于典型及物性。及物性存在于物质域，但也存在于不同的认知域内，比如心理域和社会域。在其他认知域内也呈现出以典型为中心的层级性。首先以物质域为基础，在物质域内部有不同于典型事件的过程，比如有些过程是非动态的。及物性偏离典型应包括过程类型、参与者的语义角色的偏离，在句法形式上表现为非典型及物小句。有大量的非典型及物小句在形式上与典型及物小句似乎没有差异，但它们所体现的及物性并不相同，小句的句法表现形式也会产生差异。因此，探讨及物性的偏离，不能只看句法形式或者以句法形式为主，而应该是以整个小句所描写事件的语义特征为出发点，也就是在上一章中所说的典型及物性的语义参数标准。除此之外，及物性的偏移必然离不开人的认知能力的参与。我们也将探讨小句及物性层级性背后的认知机制，同时描写不同认知域内的及物性层级性。

第一节 及物性语义与认知域

典型事件模型是一个复杂的认知域，包括多个维度，如两个客观存在的实体、时间、空间等。任何语义都依赖于更低层、更基础的认知域得以描写和理解。此处所涉及的时间、空间、移动、接触、物理能传递、形变等概念都是我们可以直接看得见、感受得到的物质域的不同维度。因此，可以说典型事件模型属于物质域（physical domain），我们通过物质域的各维度理解典型事件模型。但客观事件不仅存在于物质域，还存在于其他更为抽象的认知域。我们的世界存在各种不同的认知域或认知空间，比如，在我们的心理空间也可能存在抽象事体的移动（如态度、想法等），在社会交往空间也存在如言语行为的参与等。及物性存在于物质域、心理域和社会域，每个认知域内存在各自的典型及其语义偏移。

一、物质域及物性的偏移

（一）物质域完成过程

及物性范畴包括典型成员和非典型成员，偏离典型的及物小句在实际应用中更为多见。典型及物性具有物理性，属于物质域，但还可能存在于心理域和社会域，这两个认知域也存在各自的及物典型，我们首先探讨及物性在物质域内偏离典型的方式，以及及物性高低的变化，再以此为基础描写其他认知域的情况。

依照上文列举的典型及物性语义参数的三个方面，本节将以小句施事和受事以及这两个参与者的同时偏离为主线，将物质域及物小句勾勒过程按照兰盖克（1990）的分类，分为完成过程和非完成过程两个大类，对小句及物性偏移的具体方式、及物性高低变化以及涉及的认知机制进行详细的剖析。我们首先讨论物质域内的完成过程涉及的及物性偏离。

1. 主语语义角色的偏离

典型及物事件模型描写的是基于行动链的施事和受事之间的能量传递，但实际生活中的交互过程中，参与者并非总是充当典型的施事或是受事。这些交互过程都是由动词勾勒的，典型事件模型描写的过程是由有致使义的完成动词勾勒的，而完成动词中的很多动词勾勒的并不是典型事件。

首先有必要说明由动词勾勒的完成过程如何界定。正如前文所述，认知语法将英语动词总体上分为两大类，完成动词和非完成动词，因此，它们勾勒的过程分为完成过程和非完成过程。这一区分可以通过句法手段进行判断，非完成动词可以用于一般现在时，但不能用于进行时。相反，完成动词有进行时形式，但没有一般现在时形式。这种时态的不同只是它们的语义差别在形式上的体现，而真正的语义差别是在认知时间段上有无变化发生。兰盖克（1990：87）指出完成过程在述谓的辖域范围内是有时间边界（bounding）的，并且过程有复现性（replicability），而非完成过程内部的各阶段是均质（homogeneity）的，并可以无限地延伸（expansibility），因而无时间边界且不可复制。可见，完成过程是动态的，典型及物事件属于完成过程。我们先描写由完成动词勾勒的非典型及物小句。首先描写小句的主语偏离施事角色的具体方式，用以下小句予以说明：

(86) The lighting destroyed the building.

(87) The floods damaged several houses.

(88) The sun burned his skin.

(89) The baby drank all the milk.

(90) The key opened the door.

以上各句中，虽然从句法结构来看都与典型及物小句几乎完全相同，但小句内部的语义关系却有所不同，及物性也不尽相同。句（86）—（88）中的主语在语义上都是充当外在的致使物（external causer），也就是说是不具［意志性］特征的施事，"表达了

事件发生的无意识动因"（Quirk，1985：743）。句（86）的主语
lighting 并非充当原型施事角色，因为它是无生命的，不可能有意
识地发出某种行为。句（87）—（88）情况类似，主语 floods、
sun 都是无生命的、无意识的施事。句（89）中的主语 the baby 是
人类，是有生命的，却是非意志性的施事。虽然这些小句中主语
不是典型施事，但宾语仍然是发生性质状态变化的受事，而且都
是有能量传递的动态交互事件。因此，句（86）—（89）都反映
出较高及物性，从句法特征来看都有被动形式。句（90）虽然描
写的也是交互行为，但主语的语义角色却不是施事，而是原型工
具角色。此处，动作发出所使用的工具，不是真正的施事，却可
以作为小句主语，因为施事和工具之间有一种转喻关系。句（90）
中的主语虽然充当工具角色，但它能够代表发出动作的施事
"人"，其他的核心及物事件语义数量特征保持不变，因此及物性
也较高，它的被动形式也符合语法。

2. 宾语语义角色的偏离

句（86）—（90）的及物小句有一个共同特点，其主语不是
典型的施事角色，而宾语是典型的受事。而在很多事件中，作为
直接宾语的名词短语也并不是充当典型受事的角色，可能出现多
种不同方式和程度的偏离。比如以下小句：

（91）He ate half of the bread.

（92）John dug the ground.

（93）Mary moved the table.

（94）The police frightencd Bill deliberately.

（95）Mary helped John.（Taylor，2001：208）

（96）I carried the suitcase.（Taylor，2001：208）

（97）He brushed his teeth.

（98）Terry touched Bill's shoulder.

（99）We passed a big bridge.

（100）The enemies surrounded the village.

（101）Governor Wilson last month signed a bill.

（102）He wrote a letter.

（103）John cooked a dinner.

（104）We paid the taxi driver.

（105）The waiter wined the guests.

（106）He walked a dog.

（107）She ran a mile in an hour.

（108）He began the soup.

（109）She learned piano last year.

（110）Oliver had hurt himself.（BNC）

（111）…They beat each other.（BNC）

以上小句主要是直接宾语的语义角色偏离典型受事，引起小句及物性发生偏离，同时及物性高低或多或少地降低。各个小句中宾语语义角色具体的偏离路径又不完全相同。句（91）和（92）中的宾语不是典型受事，原因是主语发出的动作只对直接宾语的一部分产生影响，即面包的一半和被挖的那部分土地。也就是说，不是整个受事而是部分受事发生变化，导致偏离典型受事。在句（92）中作为整体的 ground 之所以能够在句中作直接宾语，是因为认知主体能够用整体代部分，即整体 ground 为部分提供了心理通道，发生转喻。

句（93）的宾语是非典型的受事，因为宾语 table 并没有发生性质的改变，而只是位置发生移动、变化，因此，它所充当的角色偏离典型受事，准确来说是移动体（mover）。句（94）中的主语发出动作，从而使直接宾语 Bill 发生情感上的变化，句中他也不是典型受事角色，而是这种惊吓情感的体验者（experiencer）。该句中的谓语动词是具有使役性的心理动词（causative psychological verb），并且属于感受者作宾语的 EO（experiencer-object）心理动词（Pesetsky，1995：5；张京鱼，2001：46；戴曼纯，2008：115；陈国华、周榕，2006：39）。该类动词在英语中大量存在，莱温（Levin，1993）发现英语中大概有两百多个致使心理动词，如 surprise、astonish、satisfy、disappoint、encourage、bore 等。这种动词的大量存在，说明由该类动词构成的类似非典型及物小句普遍存在。该类小句的直接宾语虽然是体验者，但其他语义特征基本上没有缺失，因而及物性仍然较高，在形式上，其被动形式通常是可以接受的，进一步表明小句较高的及物性。

句（95）中宾语的语义角色偏离原型受事角色。宾语 John 是主语发出动作 help 的对象，但在得到帮助后不一定产生某种变化，因而更像是帮助的接受者，其［变化］这一语义特征上的偏离可描写为"潜在变化"。潜在变化也是变化的一种方式，因此这也未能较大幅度地降低小句及物性。事实上，句（93）—（95）的及物性偏离路径大体相似，主要都是受事的［性质变化］这个语义特征的不同方式的偏离，分别为部分变化、位置变化、情感变化、潜在变化，其他语义特征未发生改变，小句因而体现出较高及物性。可见，在其他语义特征相同的情况下，直接宾语出现以上形式的变化，不会造成小句及物性的较大偏离，小句及物性都较高。

句（96）中的直接宾语 suitcase 也没有发生性质的变化，而只是位置发生变化，更像是移动物（mover），但与句（93）不同的是该句动词 carry 所勾勒的过程在时间上有延伸性。也就是说该动作没有逻辑上的终点，正如万德勒（1967）所举实例 push a cart，虽然不可能一直把车推下去，但也没有明确的动作的终点。我们可以说像动词 push 和 carry 勾勒的都是完成过程，各个时间的状态都不相同，但与典型及物事件的瞬时性（punctual）不同的是在时间上具有持续性（continuation）。因此，句（96）的及物性偏离路径可描写为［-性质变化］、［+移动物］，事件的时间性上具有［-瞬间性］、［+持续性］的特征。但这些语义特征的缺失不影响小句中能量传递行动链的形成，只在较小程度上降低了小句及物性。

句（97）中的直接宾语 his teeth 并不是区别于施事而独立存在的另一个体，即不具有［个体性］特征，his teeth 只是施事身上的一部分，因此也不是典型的受事。但该语义特征的缺失并没有影响行动链的形成，所以只是较小程度地降低小句及物性。句（98）中的直接宾语 Bill's shoulder，其受事角色偏离方式与前面不同，小句动词所勾勒的动作并没有使它发生某种变化，我们可以把这种类型的受事偏离路径描写为：［-性质变化］。类似情况还有如"She taught English in Japan"（BNC）。此处，直接宾语 English 也没有因为动作发生而产生任何变化。虽然缺失了［性质变化］特征，但其他核心语义特征仍然存在，因此该小句依然体现出较高及物性。

句（99）—（101）中的直接宾语 bridge、village、bill 也没有因为施事发出的动作而产生明显的性质变化，因而都不是典型受事，它们更像是充当地点的角色（locative role）（Quirk：1985），该种受事角色的偏离过程更为复杂，还涉及认知主体的转喻认知操作，而具体的模式又有所不同。句（99）中的宾语 bridge 是主语发出动作通过的地方，动作的发出者 we 在经过桥的过程中，与桥的桥面发生接触，而桥作为整体比桥面的突显度更高，因此，用整个桥指代与动作主体接触的桥面，属于一种整体代替部分的（whole for part）的转喻模式。

句（100）中的宾语 village 并不是动作"包围"的真正对象，真正包围的是里面居住的人。此处也有转喻发生，但转喻模式较上句稍有不同。宾语 village 虽然是地点，但地点概念常常与在该地方生活、工作的人的概念相互关联。这种转喻模式可称为地点模型。地点模型涉及居住在该地的人、位于该地点的机构、发生在该地点的事件、产于该地点的产品等（文旭，2014：83）。具体而言，该句的直接宾语涉及地点转喻居民的模型。与之类似，句（101）中直接宾语 bill 并不是"签"这个动作的对象，由动词 sign 勾勒的类似及物小句还有如"Ellen signed a contract"（COCA）。在这两个小句中，人的名字才是动作"签"的真正对象，我们可以这样理解这两个小句："Governor Wilson last month signed his name on a bill""Ellen signed her name on a contract"。可见，真正的宾语被隐含，而 bill、contract 只是动作"签"的地点而已。此处的转喻模型可称为地点转喻地点存在事体模型。小句（99）—（101）中虽然受事语义偏离方式相同，但涉及三种不同模式的转喻：整体代部分、地点代居住居民、地点代存在事体。虽然宾语不是真正的动作对象，但都可以通过转喻理解为动作的对象，这种情况下，只要小句在语义上有能量传递行动链形成，小句及物性仍然较高。

句（102）和（103）中的直接宾语 letter、dinner 显然与以上几句有所不同，它们不是主语发出动作的直接对象，也没有因为动作的作用而受到任何影响，而是动作发出后最终产生的结果，是一种结果型宾语（Quirk：1985）。可见，它们也属于非典型受事。类似情况很多，比如 tell a story、tell a lie 等。这种结果型宾语，从语义上来看并没有受到任何动作影响，缺失［性质变化］、［受控性］特征，作为动作最后结果的"信件"和"晚餐"与动作真正的对象，如写的每一个字、各种食材，都属于同一个认知域，只不过是整体和部分的区别，它们形成一种转喻关系，作为成品的整体被用来代替它的部分。虽然它们是目的性较强的完成过程，却不是瞬间性的，具有时间持续性。

从以上分析看来，该类小句在事件的时间性、受事语义角色上有所偏离，但主语的施动性强，并且参与者之间有明显的能量不对等性，因此该类小句虽然偏离及物性典型，但仍具有较高及物性。在句法行为上，两句的被动形式都可以接受，进一步表明小句的及物性较高。从以上分析可见，小句及物性高低的判断不能只看语义特征缺失的数量，语义参数的重要性程度并不相等。最为关键的是能量传递的行动链形成与否。一旦没有行动链形成，小句及物性的偏离程度就较大。

虽然典型受事是无生命的，但有生命的人或动物也可能充当受事的角色，但它们常常在语义上呈现出某种偏移。句（104）和（105）中的宾语更像是接受者（recipient），但过程中参与者的角色却与原型受事角色有所不同。两句中宾语 taxi driver 和 the guests 不是典型受事，它们并没有与施事发生直接的物理接触，更没有因此而发生变化。在这两句中它们只是真正动作对象"钱"或"酒"的接受者。它们之所以可以出现在直接宾语的位置，也涉及转喻的认知机制。在"给钱"和"倒酒"这样的交互事件中，"钱""司机"或者"酒""客人"都是同一个认知域中的概念。"司机"是拿钱的人，"客人"是喝酒的人，概念之间相互关联，可通过转喻建立心理桥梁。我们还可以进一步地将这种转喻模式细化为领属模型，具体而言，属于领属者转喻领属物。"司机"是他所拿的钱的领属者，"客人"是他要喝的酒的领属者。这两个小句描写的过程是完成性的、瞬时性的，且有能量传递和较强的致使义，这些核心语义特征尚未丢失，因此，小句及物性仍然较高。再进一步仔细分析，我们发现"司机"与"钱"的领属关系更强，关系更为密切，因此该句的被动形式更容易被接受。

从句（106）的句法表现来看，该句没有被动语态，可见小句及物性较低，偏离典型更远。在语义上的具体偏离路径可作如下分析：该句中的直接宾语 dog 既不是发出动作的对象，也不受主语人的动作影响，这个生命体也不是接受者而是与人一样的动作发出者，因此极大地偏离典型受事。行动链因为缺少能量的接受者而被阻碍，未能形成，所以该小句所体现的及物性很低，没有被动形式。该句中，名词 dog 之所以能够合法地出现在宾语位置，主要是由于认知主体在识解过程中突显了人对狗的施动性。

句（107）中的直接宾语 a mile 偏离受事角色也较远，因为典型及物事件中的受事是有形的、存在于物质空间的可移动的事体。宾语 a mile 受事角色偏离的路径可描写为：无形的，一种表示距离的数量，也不会受到"跑"这个动作的影响，不发生变化。可以说，它不是事件的参与者，该小句只有一个真正的参与者。这些语义特征的缺失导致了能量传递的行动链无法形成，因此小句偏离典型较远，小句及物性极低，小句的被动形式自然难以接受。

句（108）中的直接宾语 soup 也属于偏离典型受事角色较远的类型。该句中，实际动作的发出者 he，开始的是"做汤"的动作（cook soup），而并不是"汤"本身，也就是说此处有一个隐含动词 cook。这种结构也被称为充盈结构（enriched composition）（Jackendoff, 1997）。这句话就可以理解为："He began cooking soup"。之所以可以用名词短语代替行为，也是因为它们处于同一个认知域，源域"汤"为目的域"做汤"提供了心理路径，也就是说，用名词短语所代表的事体激活了与之相关的及物事件。当然，这还需要借助语境和百科知识的共同作用。事实上，英语中还有很多类似动词，主要是事件动词（eventive verb），都可能出现在这种及物小句结构中。比如 enjoy、try、learn 等，但它们之间偏离的程度有所不同。

句（109）和（108）看似相同，作为直接宾语的名词短语都不是动作真正的对象，而是与该名词相关的事件，说明两句都有隐含动词，前者为 cook，后者则为 play。虽然隐含动词都含有 do 的意思，但句（108）的隐含动词还含有致使义因子，即主语发出的动作使得"汤"产生或出现。因此可以说"He caused the soup to appear"，可是这种情况并不符合句（109），我们不能说"She caused the piano to appear"，钢琴不是在"学"这个动作开始以后才存在的。从受事角色的语义特征来看，句（108）中宾语"汤"的变化偏离于典型的受事变化，即从无到有，故失去了［已存在］特征。而句（109）的宾语"钢琴"则没有因动作而发生变化，可描写为：［-性质变化］。从小句描写的事件类型的语义特征来看，句（108）有［致使性］特征，而句（109）则没有，因此，两句偏离典型的具体路径虽然类似，但并不完全相同。

句（110）中的直接宾语 himself 也是非典型受事，但偏离方式与上例完全不同。宾语 himself 为反身代词，与主语同指动作的施事 he，这有别于典型及物事件的受事原型。典型及物事件的两个参与者是不同的、独立的个体，一个事体不断移动，与另一个事体接触，并使第二个事体（受事）发生变化。而句（110）中的宾语语义角色却有所不同，偏离的路径可理解为：施事和受事的身份高度一致，这种反身行为动作的发出者和受影响者指称同一个生命体。因此，更准确地说事件的参与者只有一个。虽然施事是有［意志性］特征的人，事件类型也包括动作的发出和结果两个阶段，但该句失去了多个核心典型及物事件语义特征，如两个参与者、动态性、能量传递的不对称性，从而导致其偏离及物典型较远，及物性极低。反映在句法特征上，由于它的极低及物性，该句的被动形式不能被接受。除了没有被动形式外，该类小句句法表现行为受到其他限制，比如无生命的物体通常不能作为施事，如"The house damaged itself"就不合语法，如"The fire burned itself"偏离得更远，可以说几乎没有及物性。不仅动词勾勒的动作不需要两个参与者，宾语 itself 与主语同指，而且该句的主语是无生命的物体，主语又进一步失去了［施动性］的特征，导致缺少能量源，这样能量传递的行动链就更加难以形成，所以在数量上也反映为出现频率极低。

句（111）中的直接宾语 each other 是相互代词，与句（110）不同的是，该句有两个参与者，但与典型及物事件不同的是两个参与者是共同作用的、相互影响的。因此，该交互过程不像典型及物事件那样，有不对称的、单向的能量传递，而是对称的、双向的传递。两个参与者既同时是动作的发出者，又同时是动作的承受者。两者之间的能量传递可以理解为两个参与者在施力和受力上都是对等的，二者是同等的作用力与反作用力的关系，没有能量头和能量尾的区分。事实上，该句包含了两个相互重叠的事件：A 作用于 B 和 B 同等力量地作用于 A。这与典型及物事件的单向的能量交互有较大差异。可见，该句偏离典型的程度也较大，及物性也因而极低，导致被动形式也不被接受。不难看出，由反身代词和相互代词充当直接宾语的及物小句，因为与典型及物事件的核心语义特征有较大差异，小句及物性偏离较远，在层级性上表现为极低。

小句宾语偏离受事还表现在一些特殊的及物小句结构中，比如下面的小句：

(112) He died a heroic death.

(113) She lived a happy life.

(114) He breathed his last breath.

(115) Mary smiled a happy smile.

(116) They sung an English song for us.

(117) Mary danced a merry dance. （梁锦祥，1999：23）

以上所举小句中的直接宾语是我们通常所说的同源宾语（cognate object），它们只是指代动词勾勒的事件或过程。从语义上来看，它们在极大程度上偏离典型受事角色，因为它们的功能只是重复动词所表示的动作概念，并不是事件的参与者，这一点我们可以得到验证。比如句（112）中的宾语 death 只是动词 die 意义的重复，句（113）中的宾语 life 只是动词 live 的意义重复。为此，该类小句还可以转换为动词与相应的副词构成的不及物小句结构，如"He died heroically""She lived happily"等。但是虽然以上同源宾语小句在形式构成上几乎完全相同，但小句的受事，以及小句描写过程的偏离程度，实际上是不尽相同的，也就是说它们的及物性高低并不相同，偏离程度与动词勾勒的过程紧密相关。梁锦祥（1999）指出同源宾语的现象实际上反映了两种不同的语法现象，一种是同源宾语结构，另一种是及物化宾语结构。

句（112）—（115）可基本归于同源宾语结构，而句

（116）、（117）属于及物化宾语结构。这两类小句结构中，受事的偏离程度不同。同源宾语结构的受事偏离程度较大，而且该类小句所描写的过程类型也极大地偏离典型交互事件。例如典型及物事件中施事有意识地作用于受事，这一典型意义也就预设了受事必须在施事发出动作之前就已经存在。然而句（112）—（115）中动词后名词（death、life、breath、smile）所表示的行为不可能在动作发生前存在，而是与动作同步发生，这极大地偏离了典型及物事件模型，使得能量传递行动链难以形成。而（116）和（117）句中的宾语 song 和 dance 却是在"唱歌"和"跳舞"的动作发出前就已经存在。那么从各个小句的动词所勾勒的过程来看，同源宾语结构的施事是使后面的动作存在、出现，而另一类则是使已经存在的事物表现、表达出来。与典型及物事件模型的行动链相比较而言，虽然受事角色和勾勒过程都有所偏离，但显然句（116）和（117）更加接近典型及物事件：一个物体与已经存在的另一物体接触，并使之发生性质状态的变化。此处，受事的变化指从"未表现出来"变为"表现出来"。从直接宾语的句法表现形式上也能反映出这两类小句及物性偏离的差别。

句（112）—（115）中的动词只能接受同源的名词作为宾语，如 death。除了这个同源宾语以外，这个动词不能接受其他宾语，比如"He died a painful suicide"不可接受（梁锦祥，1999：23）。该句的被动形式"A heroic death was died by him"也不合法。语法行为的高度限制性也能够反映出该句的及物性极低。而句（116）和（117）则不同，作为受事的名词可以不是动词的名词形式，而是其他词，比如我们可以说"She danced a ballet""They sung *Lemon tree* for us"，而且它们的被动形式是可以接受的，如"A merry dance was danced by Mary"。可见，它们的偏离程度比较小，及物性较之更高。虽然句（112）—（115）偏离典型及物性较远，但该结构仍具有一些及物性语义特征，比如主语是施事，是动作的发出者，有［施动性］，事件类型有［致使性］，致使受事存在。因此，小句仍然体现出较低的及物性。

当然，在这一及物性偏离方式背后也离不开人的认知能力的作用。虽然该类结构中动词和宾语含有相同的概念成分，但宾语的出现并非只是简单的重复，它说明了说话者将其视为仅次于主语的第二突显物，它的认知突显度之所以得到极大的提升，是因为一些语义或语用性质只能依赖于宾语的出现才能突显出来。具体来说，句（112）—（117）所描写的过程本来是只有一个参与者的不及物动作过程，因为以上所有小句都有与之对应的不及物小句结构，但宾语的添加表明认知重心的转向，宾语得到认知主体的认知突显，被识解为能量传递过程中的另一个重要参与者，并且在某种程度上受制于动作的发出，只有动作的发出才能使宾语产生或表达出来。显然，宾语的出现突显了该致使动作的过程或结果。

小句受事的偏离不仅出现在上述同源宾语特殊及物小句结构中，而且也表现在以下特殊小句结构中。如果说同源宾语的宾语是重复动词的意义，那么下面这类小句的宾语，夸克（Quirk，1985：750）把它们称为事件性宾语，代替动词的主要意义。

(118) He took a breath.

(119) They had a walk.

(120) The students did some reading.

(121) I had a drink.

这类及物小句的宾语是由动词派生出来的名词（deverbal

noun），前面是一个具有一般意义的常用动词，如 take、do、have 等。该类动词所承载的语义内容较少，需要依赖宾语名词的语义内容才能表达整个动词结构的主要内容，叶斯柏森（Jespersen，1954）和卡特尔（Cattell，1984）认为宾语前的动词比其后所跟的名词要轻，因此把这种结构称为轻动词结构。夸克（1985）指出该类动词如：do 后面可接的派生名词有 a dance、a dive、a drawing、a left turn、a sketch、a translation、some work、some draw-ing、some painting、some writing、some thinking、some sewing 等；动词 have 后面可以跟的名词有 an argument、a bath、a drink、a fight、a guess、a holiday、a meeting、a taste、a shower、a sleep、a talk、a wash、a discussion 等。

从语义上来看，作为宾语的名词是动词意义的扩展，承担主要的语义内容，从它们的句法表现行为可以得到验证。以上各例句都有对应的与宾语名词同源的动词结构，比如"He breathed""They walked""The students read""I paid"。总体看来，该类及物小句所体现的及物性较低，因为作为受事的名词并不是已经存在的具体事物，而是表示小句表达的主要行为，并且该行为与主语的动作同步发生。根据对同源宾语结构的分析，这极大地偏离了典型及物事件中涉及能量传递行动链的核心语义特征，使行动链无法形成，因而导致及物性极低。当然，该结构同时也具有极少数的及物性语义特征，如［意志性］的施事。但这些小句之间偏离的路径也不是完全一致的，也具有个体差异。例如从小句描写事件的时间性来看，句（118）可以与表有明确终点的名词短语共同出现，"He took a breath in two seconds"，说明该小句勾勒的过程在时间上有明确的终点，符合典型及物性［完成性］特征。但句（119）并非如此，恰好相反，动词勾勒的行为没有逻辑上的终点，具有持续性，不具备典型及物性的［瞬时性］特征。我们一般不能说"They had a walk in an hour"，而只能说"They had a walk for an hour"。

3. 主语和宾语语义角色的共同偏离

在实际的真实语言使用中，不仅有上面所描写的主语和宾语的语义角色分别偏离原型施事和受事的情况，还有不少情况涉及小句主语和宾语语义角色的共同偏离。请看以下小句：

（122）A stone hurt the boy.

（123）John scratched Mary.

（124）The pistol shot in the airport frightened me.（Dixon, 1991）

（125）Elephants uproot trees.（Taylor, 2001）

（126）The dog jumped the gate.

（127）John locked the car with the remote-lock.

（128）Bill married Kathy.（Levin, 1993：201）

（129）The book sold a million copies.（Taylor, 2001：217）

句（122）中的主语的语义角色偏离典型施事的路径可描写为无生命的、外在的致使物；同时直接宾语也偏离受事典型，它不是无生命的物体，而是有生命的人。虽然主语和宾语的语义角色都有所偏离，但偏离的程度较小，是较为典型的能量传递的及物事件，体现的及物性也较高，因此在形式上允许有被动形式。句（123）中的主语不仅充当施事的角色，而且还充当其他角色，是多个角色的混合体。句中的主语 John 用手挠痒，因而还可能充当工具角色，而宾语 Mary 感觉到痒，心情愉悦，充当感知者的角色。

该句偏离路径为：主语充当混合角色（hybrid role），宾语充当感知者角色。但这种偏离完全不影响行动链的形成，属于较小程度偏离，小句及物性仍然很高，因而有被动形式。小句主语还可能充当更多的角色，如"John scratched his own back"，该句中主语 John 充当了施事、工具和体验者这三个角色。宾语 his own back 并不是区别于主语的另一个事体，而是主语的一部分，［个体化］特征减弱，及物性随之降低。通常只有当身体的具体位置被认为十分重要而得到突显时，才可能编码为这种类型的非典型及物小句。

句（124）中的主语不是具体的事体，而是一种声音，但它并不是环境成分，而是重要的参与者，它充当的是刺激物的语义角色。直接宾语则是有生命的人，是情感的体验者。虽然主语和宾语的语义角色稍有偏离，但该句的动词含有致使的语义因子，整个小句具有致使性，主语和直接宾语通过"耳朵"这一听觉感知器官发生接触，声音具有的能量传递给直接宾语，导致他发生情绪状态的变化，能量传递的行动链得以形成，因此小句偏离典型程度较低，体现较高及物性。

句（125）句中的主语和宾语也都稍偏离原型施事和受事角色，它们偏离的路径为：主语 elephants 和宾语 trees 虽然都是入场的名词短语，但它们都分别表示大象和树的类别（type），而不是具体所指的实例（token），即某一只大象或某一棵树。虽然施事和受事不像典型及物事件中的参与者那样有具体所指，但具备其他核心语义特征，因而及物性也较高，被动形式也就合乎语法。句（126）中的主语 dog 虽然是有生命的，却是非意志性的，宾语 gate 如前文所述更像是地点，它不受动作的影响，也不因为动作的发出而发生变化，偏离典型受事较远。宾语 gate 在语义上是事件中的环境成分，是非参与者，因此行动链被破坏，小句及物性较低。

句（127）描写的过程是能量传递事件，具有［致使性］特征，在时间上也有［瞬间性］，是完成过程，却与典型及物事件有所不同，具体偏离路径为：该句的直接宾语并不是典型的受事，因为宾语 car 并没有因为"锁门"的动作而发生明显的性质改变，而且宾语 car 与主语之间也没有发生任何物理接触，因为主语 John 是用远程遥控钥匙锁车的。事实上，真正发生变化的是汽车的车门，从开锁的状态到上锁的状态。因此，在这背后有转喻的发生。此处整体比部分更突显，可以用整体的 car 来代替其中的部分：doors of the car。除了直接宾语偏离受事外，主语 John 也与典型施事有细微不同，情况更加复杂。如果我们深入分析该小句所涉及发生的行为，不难发现 John 的手指和遥控钥匙都是该交互行为中能量的发出者，但小句中却只用 John 进行编码，作为一个独立的参与者，而隐含了另外的操控动作的实体，即遥控钥匙和 John 的手指。之所以可以如此，是人的认知加工的结果。说话者将这些部分合并（chunking）为一个整体，用主语 John 来表示施事，因为他是有生命的人，更能够操控这个行为，也符合兰盖克（1999：198）提出的认知突显原则：人类>非人类，整体>部分，具体>抽象，看得见的>看不见的。这一认知活动也导致了转喻的发生，即说话者用一个事体 A 代替部分事体 B 和 C。用图 3-1 表示。

从图 3-1 可以看出，该句的施事可能非常复杂，由 B、C 构成，甚至包括更多，用虚线圈 D 表示，但通过认知主体的合并，用一个整体人 John 来代替操作的手指 B 和远程钥匙 C。当然，这种认知操作要符合说话者在实际情况下的表达需求。总之，该小句施事和受事偏离程度并不大，仍然存在明确的能量源，能量尾以及之间的能量传递，因此小句及物性较高。

句（128）的及物性偏离路径为：主语和宾语不存在不对等

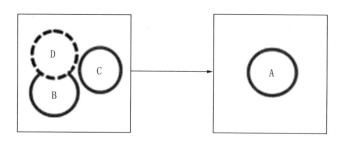

图 3-1　认知合并加工

性，二者在语义上拥有同等地位。如果我们将它们交换位置，改为"Kathy married Bill"，意思并没有太大的变化，两句的差异体现在说话人的认知重心不同，因此，主语和宾语在语义内容上并无地位差异，而只是在识解的认知重心上有差异，是一种主观上的不平等（subjective asymmetry）。而不平等性是能量传递的必要要素，如果两个参与者只存在主观上的不平等，那么小句及物性在很大程度上降低。该句的被动形式通常不能接受，即可以反映出小句及物性较低。

　　句（129）中的主语和宾语都偏离典型。该句的主语从语义上来说，并不是真正的施事，真正的动作发出者是卖书的人，因此主语 the book 实质上是受事，主语不是能量源，宾语也不是能量尾，两个参与者是独立参与者（absolute participants），该句中没有能量传递形成，同时缺失了其他及物语义特征，故小句的及物性极低，可以说几乎没有及物性。正因为其及物性极低，这种结构的能产性很低，我们不能说"The book bought/borrowed a million copies"等。该小句之所以能够形成，主要原因是主语 book 所具有的某种特征是卖得好的重要因素。

（二）物质域非完成过程

　　一个完整的及物小句勾勒一个单一的过程，该过程要么被识解为由一个单一的情景状态构成，要么由一个单一的事件构成（Langacker, 1990：243）。上一小节讨论的小句所描写的属于单一的事件，同时属于完成过程，即随着时间的移动，在一定时间内，受事有某种变化发生，可能是位置的移动，也可能是性质状态的改变。而本小节将要讨论的及物小句描写的都是非完成过程，即情景状态。科姆里（Comrie, 1976）区分了完成和非完成的概念，他的划分依据是动词内部时间的组成成分及其对外在观察者而言的可及性。非完成指状态，或是从内部观察的正在进行的动态过程；而完成则指动态的情景，被识解为一个整体。前者被称为过程，后者被称为事件。但这一分类没考虑到两者之间有时可以相互转化。

兰盖克（2008：147）认为两者之间最大的不同是变化性（change）和界限性（boundness）。非完成过程（imperfective）指随时间的推移，各个阶段没有变化产生，保持不变；而完成过程则恰好相反，时间轴上的各个阶段都有别于其他任何阶段。时态标记常用来检验过程的完成与否，非完成小句通常使用一般现在时进行标记，表明动词所勾勒的是一种保持不变的状态。但通常不用进行体标记，原因是进行体表示动态事件中的一个阶段。由非完成动词勾勒的及物小句在事件类型上显然偏离典型及物事件，因为它们缺失了与时间性相关的典型及物事件类型的语义特征：［动态性］、［完成性］、［瞬时性］。赖斯（1987c：146）按照四个大类列举了部分非完成动词，包括 be、resemble、occupy、know、please、like、feel、cost、weigh 等。非完成过程的及物小句的偏离依然可能呈现出不同的方式，小句可能体现出不同及物性。如下例所示：

(130) We occupy a nice house.

(131) The square stands a statue.

(132) There is a dog.

(133) The laptop weighs 6.2 pounds

(134) Lily resembles Mary.

(135) Her name escapes me.

句（130）描写的是一种静态的所属关系，主语和直接宾语之间的语义关系属于所有者和所有物的关系，其他动词如 own 所勾勒的小句也描写类似所属状态，它不随时间的改变而发生变化，如"Peter owns a piano"。虽然从事件类型来看，小句及物性缺失［瞬时性］的语义特征，但仍然具有［施动性］、［不对称性］的特征；宾语虽然没有变化性，却具有［受控性］等特征，在施事的绝对控制范围内，既然有受控性，就意味着有施事的能量传递，这些语义特征表明小句虽偏离及物典型，但仍具有较高及物性。

句（131）中的主语是无生命的 square，它显然不具意志性，不可能发出任何动作，缺失所有施事的语义特征。主语 square 是绝对静止的，不可能发出任何动作行为或是作为能量源传递任何能量，它只是环境成分中的地点要素。宾语 statue 也不是受事，而只是位于该地点内的静止事体。动词 stand 所勾勒的非完成过程表示存现主体存在的方式或状态。类似情况很多，比如"Fellini's new film stars Brygida Rudzka"（Langacker，1990：232）。该句也表示一种静止状态，其中主语 film 是环境成分，而不是参与者。该类小句的及物性偏离路径为：在时间上为静态的，事件中没有能量传递，只有一个参与者，主语是非参与者，另一个参与者既不是能量头也不是能量尾，与能量流无关的事件的参与者被称为独立参与者（absolute participant）。从以上分析可见，小句中只有一个独立参与者，无法形成能量传递的行动链，并且主语和宾语几乎缺失了所有的典型及物性语义特征。显然，在语义上极大地偏离典型及物性，可以说小句几乎没有及物性。

句（132）描写的也是一种表示存在的静态关系，但主语 there 指的是一种抽象的空间，也就是莱柯夫（1987）所指的心理空间。在该句中 there 不是一个参与者，而只是表示空间位置的环境成分，因此，该句也是只有一个独立参与者的事件，没有及物性。句（133）描写的还是一个完全静止的状态，表示事体所具有的某种特征，这种特征不随时间变化而发生任何改变。主语 laptop 是无生命的，不是施事，而是不涉及任何能量流和致使交互的独立参与者，宾语是数量词，也不可能充当参与者。因此，该小句可以说没有及物性。与之类似的数量词作宾语的非完成过程小句还有很多，比如"The auditorium seats 3,000 people""My tent sleeps four people""First class stamps cost 22 cents"（Rice, 1987: 236）。综上可知，句（130）—（133）都偏离典型及物性较远，都没有及物性，主要原因是小句中实际上只包含一个独立参与者，没有能量传递，且主语和宾语也几乎不具有典型及物性语义特征。

句（134）描写的是两人之间长得很像的静态关系，是典型的非完成过程。主语 Lily 和宾语 Mary 分别是两个参与者，但它们之间似乎地位相等，Lily 对 Mary 没有支配能力，在语义上两者似乎不具有不对称性。而且，我们也可以说"Mary resembles Lily"，意思并没有变化。张克定（2008: 131）把这种结构称为具有不对称性的对称结构。主语和宾语在客观逻辑上具有对称关系，而实际上它们在认知上具有不相等性。宾语 Mary 只是作为一个参照，而主语 Lily 才是真正想要描写和评价的对象。因此，主语 Lily 是这一关系中的射体，宾语是界标，作为参照对象。如果将主语和宾语交换位置，那么认知突显的中心也发生移动，射体和界标的关系就恰好相反。

该句中的两个参与者在客观事件语义内容上没有不对称性，但认知主体却赋予它们主观上的、认识上的不平等，兰盖克（1990：223）把这种不对称称为主观上的不对等（subjective asymmetry）。王志军（2007：31）认为该及物小句表示的是两个事物之间的一种静态关系，其中动词表示的动作对其后的名词性成分所代表的事物是没有支配能力的。因此，把它归为无及物性句子。总体而言，该句虽然表示的是逻辑上对称的两个参与者之间的静态关系，存在主观上的不对称性，但几乎缺失了其他所有典型及物性语义特征。两个参与者应该属于独立参与者，主语具有［有生命］的语义特征，因此，小句及物性偏离及物典型较远，小句具有极低的及物性，这也就是该句没有被动形式的原因所在。显然，按照传统的方式定义主语和宾语不能够描写像句（134）这样的在客观上具有对称性的及物小句中的主语和宾语，需要进一步抽象化。兰盖克（1990）把主语进一步高度抽象为谓语动词勾勒关系中的射体，是第一突显的参与者，而宾语则是界标，是第二突显的参与者。因此，在句（134）中，Lily 是射体，Mary 是界标。

句（135）中的谓语动词勾勒的是一种状态，从一般现在时的使用可以得到验证。该小句的主语不是典型的施事，因为它是无生命的，不可能真正发出某种动作行为，也就不存在［施动性］、［致使性］；而宾语也偏离典型受事，它的主要语义特征可表示为：［+生命体］、［-变化］、［-受控性］，因而没有能量的传递，两个参与者均为独立参与者（absolute participant）。既然是独立参与者，那么就不涉及能量的传递，故偏离典型及物性较远，也可以说几乎没有及物性。

以上所例举的非完成小句虽然都是时间性语义特征有所缺失，但由于小句描写的事件语义特征不完全相同，偏离的路径和程度也有所不同。通过对以上语言事实的分析，我们发现有些小句的参与者之间存在不对称性，如句（130）。句（131）—（134）都不存在物质空间的运动，是完全静止的状态，其中句（131）—（133）还可以视为只有一个参与者的小句，因而没有及物性。句（134）的各参与者之间不是客观语义上的不平等，而是主观上的不平等，但主语具有少量语义特征，因此，该句也在很大程度上偏离典型，体现出极低的及物性。句（135）中虽然有两个参与者，但不存在能量传递，是独立参与者，主语和宾语也不具有任何典型及物性语义特征，这种情况下，小句也没有及物性可言。

二、心理域

（一）心理域典型

心理域是抽象的，它是心智活动的空间，是人的感知（perception）、情感（emotion）、思维（ideation）、智力（intellectual）活动等任何形式的心理活动进行的场所。一个想法、一个梦、一种感觉、一种认识都在心理空间里进行。我们时常会看到这样的句子："Mary is walking through a park and she sees and recognizes City Hall"（Wikipedia），该句中的主语 Mary 不仅发出了属于物质域的 walk 行为活动，而且在大脑中也有属于心理域的感知活动的进行。该句中的动词 see 和 recognize 带有两个论元，勾勒的是一个包含两个事体（Mary & City Hall）的事件。那么，这个事件是否体现出及物性呢？从它们被动形式的合法性来看，应该具有及物性，说明 City Hall 直接宾语地位的合理性。但两个事体之间存在怎样的语义关系呢？

显然，我们并不能简单地依赖于物质域及物事件，因为心理域及物事件与物质域及物事件并不完全相同。首先，心理域事件中的主语是视觉感知活动的体验者，感知者对事体进行感知并不需要外在施事。其次，参与者之间并没有发生物理接触。从上句可以看出，主语和宾语之间不像弹子球模型中的两个球体那样，一个球体向另一个球体移动，最终发生物理性的接触。另外，主语 Mary 和宾语 City Hall 之间的能量传递既然不是通过直接接触而产生的，那么也就是非机械性的、非物质域的，而是一种抽象的、非直接接触性的。这有悖于弹子球撞击事件的核心语义特征。

束定芳（2002：98）指出隐喻产生的基本条件就是意义的冲突，要理解这种意义冲突，就需要依赖于隐喻。我们认为这背后隐含着一种更为基础的隐喻，往往是人类共同拥有的对某种事物的认识。隐喻的运作涉及两个域之间的映射（Lakoff & Johnson，1980）和整合（Fauconnier，1997）。而这种映射（mapping）和整合（blending）得以发生的条件，或者理查兹（Richards，1965）所说的理由（ground），就是本体和喻体之间存在的相似性。徐盛桓（2014：365）把这种相似性描写为事物的共相（universal），是一类事物所共有的相态。所谓"共"是它们在某一方面彼此相同、相似、相应（correspondence）或相关。

那么，以上小句表达的心理域事件与物质域的弹子球事件存在何种共性呢？如果将两种情况相比较，不难发现，它们确实存在共相。比如都有两个参与者，主语是能量源，宾语是能量尾，有能量从主语单向性地直接传向宾语，参与者之间是不对称的关系。也就是说物理域及物事件和心理域及物事件存在相似性或共相。

两个事件之间所具有的相似性主要依赖于两个认知域事件中的核心概念——能量之间的相似性。相似的方式可以分为物质的和心理的，而物质的又可以细分为形式的和功能的（束定芳，2002：103）。物质域有物质能量，心理域有心理能量。所谓心理能量，最早由弗洛伊德提出，指驱动人体的各个系统、器官进行呼吸、神经传导、感知、思维等的存在于人体内的能量。他将心理能的概念应用在他的心理学理论中，分析人的行为等发出的内在原因。这种抽象的心理能虽然与物理能之间没有形式上的相似性，但我们能够感知到这种心理能与驱动宇宙事体运动的物理能存在功能上的相似性。

心理能跟物理能一样，也可以按照一定的方向传递、做功，导致另一事体的变化，并且还可以与物理能相互转化。此处物理域事件之所以可以和心理域事件发生映射关系，归结于概念隐喻 mental energy is physical energy，这一隐喻背后更为基础的隐喻是斯威策（Sweetser，1990）提出的 MIND AS A BODY 概念隐喻。我们身体的体验可以为心理活动提供基础，因此，心理活动就是身体活动，身体活动产生机械能，心理活动产生心理能，心理能就是物理机械能，可以传递给其他事体，与之发生能量传递。

心理空间里的心理能可能以不同的形式存在，比如视觉能（vision energy）、情感能（emotional energy）、智力能（intellectual energy）等。因此，在这个大的隐喻下，我们还可以延伸出更多较小的隐喻，如 vision energy is physical energy，intellectual energy is physical energy，视觉能和智力能都可以传递给被感知的和被思考分析的事体。束定芳（2002：106）认为具有隐喻关系的两个事体间的相似性可以是客观存在的，也可以在想象世界中存在。当然这种能量传递的共性是由语言主体觉知到的，是在人的心智中存在的。

我们认为心理域及物性不同于物质域及物性，主要原因在于其所涉及的能量传递不是物质的，而是抽象的。它与物质域及物性形成一种共存的语义关系。我们对心理域及物性的理解依赖于物理域及物性。既然物理域及物性有其典型，那么心理域及物性也应该有其典型。那么，心理域典型及物性是什么呢？心理域及物性是否在同等程度上，以同样的方式偏离心理域典型呢？首先让我们考察更多的描写心理域事件的小句：

（136）We all heard the trumpet.

（137）Steven loves Mary.

（138）John solved the math problem.

以上三个小句描写的都是心理域事件，分别涉及与感知、情感、智力相关的，有两个参与者的事件。主语和宾语分别代表两个参与者，同时三个小句的主语还有一个共同点，那就是主语 we、Steven、John 都是有生命的人，都是能量的源头。但句（137）和句（138）中的主语是意志性的，而句（136）的主语却是非意志性的，因为人并不是有意识地听见某种声音。同时，小句中在形式上表达的另一个参与者——宾语的语义特征也有所不同。

具体而言，句（136）中的宾语 trumpet 指一种乐器，是有具体形态特征的事体，但它不会因为"听"的动作而发生任何变化，也不受主语的控制。句（137）的宾语 Mary 则是具体的、有生命的人，但也没有变化发生。句（138）中的宾语 problem 不是物质世界存在的实体，而是抽象的，但在主语心理活动的作用下会消失，不过这只是概念上的变化，而不是外在的反应。因此，其语义特征可描写为：受到心理活动的控制，并发生抽象的变化。不仅如此，该事件类型还具有［致使性］特征，是主语的智力活动使得问题得到解决。另外，从动词勾勒事件的时间性来看，句（138）应该属于完成性事件，即有动作的起点和终点。比如解决问题的动作都是在一定的时间内完成的。而与之相反，句（136）和（137）属于非完成事件，动词 hear、love 勾勒的是一种感知和情感上的状态。根据以上所分析的主语和宾语的语义角色和事件类型的具体语义特征，显然，心理域小句及物性偏离典型的程度和路径也是不完全相同的。心理域及物性以物质域的及物性为源域，因此，对心理域典型及物事件的描写也需要参照物质域典型及物事件的语义内容。

弹子球模型是物质域典型及物事件的概念基础，描写的是在物质能量的驱动下，两个事体之间单向的能量传递。既然能量概念是两个不同空间域事件中具有最大相似性的概念，那么在映射的过程中，与能量相关的概念应该得到投射。因此，我们可以把心理域典型及物性的概念内容描写为：在心理活动产生的心理能驱动下，人和另一个事体的概念表征之间在大脑内发生的单向的能量传递，可称之为心理域典型及物事件，其具体过程可描述为人体内的大脑中枢神经发出指令后，发生某种感知、智力、情感等的心理活动，并随之产生具体类型的心理能。另一方面，人能够将周围世界的事物以及抽象的概念在大脑中进行概念化并形成概念表征，而且能够将其与人体外的事体相对应，从而将抽象的概念表征具体化。这样，人在心理能的推动下向它靠近，与之发生心理接触，同时施加一个抽象的作用力，使其成为受控对象，并导致它产生某种抽象变化。可用图 3-2 予以说明。

图 3-2 所描写的是心理域典型及物事件的概念模型，与物质域的典型及物事件相比较，可观察到以下不同：第一，能量的传

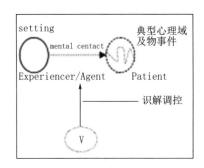

图 3-2　心理域典型及物事件认知模型

递是抽象的心理能，不在物质空间，视觉上不可见，故用虚线而非实线表示。第二，能量接受者是一切具体和抽象事体在大脑中的表征，是概念化的结果，也用虚线标注，表明其抽象性。第三，两个参与者之间发生的接触不是物理接触，而是抽象的心理接触（mental contact），并且在人的大脑中进行。第四，物质域中时间概念上体现的差异，如完成与非完成、瞬时性与持续性等，以及能量概念，与抽象的心理接触的相关性不高。因此，在映射过程中不是主要投射的概念，在图 3-2 中并未作出标示。

我们可以推论出心理域事件中参与者的语义角色与物质域有所相同。处于"能量头"的是心理能的发出者——人，也是体验者，主语充当了体验者和"施事"的角色，发出的动作是内在的心理动作，而非外在的行为动作。处于"能量尾"的直接宾语是发生变化的"受事"，它虽然是概念表征，但可以被人具体化为外在事体。

据此，我们可以进一步细化并厘清心理域典型及物事件类型的语义特征：[+致使性]、[+心理能传递]、[+动态性]、[+单向性]、[+非对称性]、[+心理接触]。心理域典型事件的主要参与者分别是：能量的发出者，是作为体验者的人，是施事，它的具体语义特征可表示为 [+人类]、[+意志性];直接宾语则是概念表征被具体化的外在事体,与主语具有个体差异,是人的心理能传递的对象,能量的接受者,有内部状态变化,因此,它的语义特征可表示为 [+个体性]、[+抽象变化]、[+受控性]。

根据以上心理域典型及物性语义参数标准,句(138)所体现的及物性应该属于心理域典型及物性,对该句的语义内容可作如下分析:主语 John 在大脑的指令下主动性地发出某种智力意识,从而产生智力心理能,并且该能量直接传递到心智里的宾语 problem 的表征,最终与之发生抽象的心理接触,使它成为主语——人思维、智力的受控对象,并将心理能传递给它,使它产生内部状态的变化,问题消失或是更加简单。我们可以说 "John made the problem disappeared/ become easier",主语既是体验者,也是意志性的施事,属于一种混合角色。从本质上看,主语 John 是转喻性的,此处心理活动和心理能的传递主要是在大脑中发生的,大脑只是 John 的一部分,因此,是整体代部分的转喻模型。在这一类型的小句中,可以说主语基本上都是转喻性的。类似的心理域典型及物小句还有如 "The man resisted the pressure of the crowd against him"(Talmy,2000:433)。在该句中,我们可以明显地发现心理能量的传递。主语 "人" 是能量源,在大脑中枢神经的指令下产生心理能,明确地直接指向宾语 pressure,与之发生心理接触,并且传递能量,使之被战胜,从而不再存在或强度减轻。

(二) 心理域及物性偏移

与物质域相同,心理域的很多事件也会在某种程度上以不同的方式偏离心理域典型及物事件。从事件参与者的语义特征来看,心理域及物事件有以下几种偏离路径。

第一,施事是意志性的,但受事的语义特征有所变化。如以下例句所示：

  （139）We noticed the warning on the door.

  （140）I understand the problem.

  （141）They have mastered its technique.（BNC）

  （142）I remembered your name.

  句（139）—（142）的施事都是意志性的，是人的大脑发生的心理活动产生的意识、智力等，在心智中主动性地向具有外在表现形式的另一个事体的概念表征移动，发生心理接触，使心理能传递给 warning、problem、technique 等，使它们处于能量可及的范围内。但在这一事件中，不同的是宾语的语义角色为非典型受事，因为它们虽然是心理能传递的直接接受者，但并没有产生内部状态的变化。从句法表现来看，它们的被动形式都可以接受，说明 warning、problem、technique、name 都是主语智力活动的直接对象。我们可以想象正如人通过手将机械能传递给物体，并抓住物体，使物体处于他的掌握之中。在该类小句中，人的主观意识性很强，具有较强施动性，人的心智也可以将心理能量传递给另一个事体，能够有力地将目标置于直接控制范围内。因此，该类型小句主语施动性强，虽然宾语没有表现出变化，却是在主语心智意识的掌控范围内，仍然表现出较高及物性。

  以上几例小句中的直接宾语在语义上更像是智力的对象（object of intellection），除此之外，直接宾语在语义上还可能充当情感的直接对象（object of emotion），也不发生显性变化。

  （143）She likes dogs.

  （144）We all respect our President.

  （145）I regret the incident.

（146）She resents her mother's influence on her.

（147）They admire his life story.

句（143）—（147）都是由积极情感和消极情感动词勾勒的心理域及物事件。表示积极情感的动词还有 love、adore 等，表示消极情感的还有 hate、dislike 等。这类情感动词与心理动词不同，它们不包含致使的语义特征，表达的是一种心理状态，而不是心理致使。感受者作主语，也就是佩塞特斯（Pesetsky，1995：5）所说的主语经验者动词（subject experiencer verb）。该类情感动词勾勒的小句描写的是两个参与者之间情感能的传递。主语有意识地在心智内产生喜好、厌恶、尊敬、害怕等情感，带有能量的情感与另一个事体——his life story、dogs 等发生心理接触，情感能量随之传递给接触的事体。直接宾语在主语情感的受控范围内，但没有发生内部状态的变化，其语义角色更像是情感的直接对象（object of emotion）。情感的体验者只能是有生命的人或动物，情感能的传递等也是在大脑中进行的。所以，主语 John、they 等也体现出整体代部分的转喻模型。情感传递的对象则可能是有生命的人、动物，也可能是无生命的，还可能是没有物质存在的抽象概念。比如句（146）、（147）中的宾语"her mother's influence""his life story"，都是在物质空间不存在具体表现形式的抽象概念，句（145）中的宾语"the incident"虽有外在表现，但却是无生命性的，而句（143）、（144）中的 dog、our President 则指有生命的动物或人。这类小句中直接宾语是主语心理能传递的直接对象，且表达的事件类型具有不对称性、单向性等核心语义特征，有心理能量传递链的形成，因此该类小句的及物性也较高。这些小句表明在心理域，受事有没有显性的变化可能并不会在很大程度上影响小句及物性偏离，与物质域相同，关键是看有无心理能量传递的行动链形成。

第二，施事是非意志性的，但受事有心理变化，比如：

（148）My ignorance pleases him.

句（148）及物性的偏离方式与以上几句有所不同。该句中的动词please属于非完成动词，用一般现在时标记，显然勾勒的是一种非完成过程，主语和宾语之间的关系不随时间而时刻变化，缺乏［瞬时性］。虽然缺失了时间性语义特征，但还具有与典型及物性相关的其他核心语义特征，比如有两个参与者、具有不对称的关系、单向的心理能量传递、致使受事发生变化。小句的语义内容可理解为主语充当刺激物（stimulus）的语义角色，宾语则是体验者（experiencer）。宾语him是因为刺激物的原因才发生了心理变化，小句中的动词带有［致使性］语义特征。小句的主语my ignorance虽然不具［有生命］等语义特征，但它有［施动性］，对受事传递心理能，造成宾语him发生心理变化，构成较为典型的能量传递事件。小句在及物事件类型方面没有核心语义特征的缺失，可描写为作为外在能量源的刺激物造成体验者心理状态发生变化。可见，事件中有明显的心理能量传递，所以小句及物性也较高，其被动形式"He is pleased by my ignorance"（BNC）的合法性就是较高及物性的外在表现。

第三，施事是非意志性的，同时受事也没有发生变化，比如：

（149）I saw a bird.

句（149）中的施事是感知心理动作的发出者，但跟动词look所要求的施事有所不同，它并不是有意识地将视觉能指向"看"的对象，与之发生心理接触，而是在无意识的情况下，视觉能传递到另一个事体。也就是说，感知活动产生的心理能不是直接、有目的性地传递到观察对象的，这一特征降低了施事的意志性，可表示为［-意志性］。小句的主语实际上是无意志性的施事和视觉感知者，直接宾语 bird 具体来说则是视觉感知的对象（object of vision），它在人的感知的受控范围内，但并不发生变化。虽然视觉能就像一束光线无意中照到观察对象，但非意志性的施事始终是能量的发出者，位于源头位置，而已存在的事体则是能量到达的终点，位于能量尾的位置，这种明显的不对称性和能量单向传递性使得小句仍然具有较高程度的及物性。类似的情况还有无意识听觉事件，如前文中的句（136）。以上所列小句，分别是智力、情感、感知能量的传递，传递的对象都是区别于主语的另一个事体，位于能量尾的事体在人的心智中都存在概念表征，因此都可以发生心理能的传递，属于较小程度的偏移。

第四，主要涉及直接宾语的偏移，即宾语不具备个体性特征，导致能量传递行动链无法形成，及物性偏离程度更大，比如：

（150）I dreamed a terrible dream last night.

（151）But he hated himself more.

（152）They enjoyed themselves.

句（150）中的主语 I 无意识地发出"做梦"的心理活动。同时，同源宾语 dream 不是人体之外的事体，不具有特征［个体性］，而且也不是在心理动作发生前就已经存在的事件，这些语义特征的缺失导致心理能的传递无法实现。在这样的情况下，小句及物性偏离程度极大，几乎没有及物性。句（151）和（152）中的宾语与主语是同指关系。这两句中主语的语义角色是憎恨和愉悦情感的体验者，同时也是憎恨和愉悦情感的发出者。主语 they

和 he 主动地将情感能传递出来，但能量的接收者并不是外在的事体，即不是区别于施事的另一个事体，在形式上表现为反身代词himself、themselves，所以可以说直接宾语缺失个体化特征，表示为［-个体性］。主语既是施事又是体验者，同时是能量传递的对象，这样无法形成能量传递的行动链。与物质域及物事件相同，这种情况下，可以认为只有一个参与者，所以小句及物性偏离程度较大，几乎没有及物性。除此之外，小句宾语的语义角色还有一种特殊的偏离方式，即宾语与主语在语义上是互指关系，如以下两句：

（153）Now we understand each other perfectly.

（154）They really love each other.

该类小句中的宾语是表示互指关系的 each other，表明所代表的两个参与者拥有同等地位，句（153）中的主语 we 代表参与者双方都充当既是心理能量的发出者又是心理能量接受者的语义角色，句（154）中的 they 代表参与者都充当既是情感发出者又是对方情感接受者的角色。这种平等的双向性，在很大程度上不符合典型及物事件的［单向性］和［不对称性］特征。更具体地说，这类小句实际上包含了两个单向传递事件，不符合典型及物事件的单一事件特征。由于参与者之间没能建立不对称的单向能量传递行动链，导致虽然语言形式上表现为两个名词短语，但几乎没有及物性可言。

第五种，小句所描写的事件中的主语或宾语语义上不是事件的参与者之一，而是环境成分。比如：

（155）Friday saw a big party in our town.

在该句中，主语 Friday 显然在语义上不可能充当视觉能的发出者角色，而只是环境成分的时间要素。实际上，该句表达的是在星期五那天，人们心智中的视觉能量向人体外事体的概念表征传递的事件，视觉对象在受控范围内，但并未发生变化。可见，主语显然不是参与者，只是表明事件具体发生的时间。我们可以将该小句表达的事件视为只有一个参与者的不及物事件，因而小句及物性偏离程度大，也几乎没有及物性。名词 Friday 之所以可以在该句中做主语成分，是由于人的认知突显的转移，将认知重心放在了环境成分上，使时间因素得到最大的突显，成为小句动词勾勒关系中的射体。

三、社会域

（一）社会域典型

在心理域中，心理能量通过与外部事体在心智中的概念表征发生心理接触，并传递心理能量。这是发生在人的大脑内的能量传递。那么，在人与人交往的社会域是否也存在能量以及能量的传递呢？事实上，塔米（2000）认为物理能量交互不仅可以延伸到心理空间，还可以延伸到社会空间。也就是说，在社会交际中，也存在人与人之间的社会力量传递。

人与人之间在用语言进行交流的过程中，由于身份地位的差异或是某种行为的发生等，都可能产生社会力量。在我们的语言表达中也有所体现，比如 social pressure。社会中的很多因素都可能成为社会力量，压力就是一种社会力量，并且导致一些事体受影响，进而发生变化。正如心理能，这种社会能与物理能也存在相似之处，这种相似性或共相也是功能上的，而非形式上的，而且是存在于人的心智中的。对于社会能的理解也需要依赖于概念隐喻。这背后的基本隐喻是 social energy is physical energy。那么，社会能也可以传递，可以做功，使其他事体发生变化。根据物质域典型及物事件，我们也可以描写出社会域典型及物事件的概念模型，如下图所示：

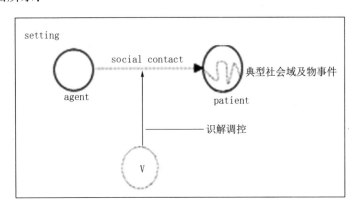

图 3-3　社会域典型及物事件认知模型

上图中的认知模型具有以下特点：首先，施事虽然用实线表示，但施事可能是人，也可能是语言行为等一切具有社会能量源的事体。那么，诸如［+意志性］、［+有生命］这样的语义特征并不重要，施事的主要语义特征为［+施动性］。同样，受事也是一切可能受到社会能影响的事体。由动词勾勒的事件类型中具有［+能量传递］，也是影响及物性偏离典型最重要的语义特征。其次，施事和受事之间的社会能传递是通过社会接触而发生的。这种接触也具有抽象性，因此也用虚线表示。最后，受事在社会能的作用下会产生某种变化，可表示为［+变化］、［+受控性］。可见，在该类事件的概念语义特征中，与能量密切相关的特征仍是被映射的核心特征，整个事件的语义特征为［+单向性］、［+不对称性］、［+社会接触］、［+社会能量传递］、［+致使性］。据此典型社会域及物性语义参数特征，以下小句体现出典型及物性：

（156）Getting job security relieved the pressure on her to perform.

（Talmy，2000：438）

该句中充当施事的不是某人或某物，而是某种社会行为 getting job security，在语义上可能成为释放社会能的能量源。这一社会行为的实现能够产生社会能，该能量传递给受事，使之发生变化，减弱受事 pressure 的强度。社会行为充当施事的这种施动性为隐喻性的。受事的变化隐含在动词的语义特征中。该句中的动词 relieve 含有［使程度减轻］的语义特征。可以说这是一个典型的社会域中的能量传递事件，体现出社会域典型及物性。

（二）社会域及物性偏移

与物质域和心理域相同，社会域的能量传递事件也在某些方面不同于社会域典型及物事件，从而导致小句体现的社会域及物性偏离典型。比如：

（157）The policeman questioned Bill.

（Rice，1987a：86）

在该句中，有生命的人 policeman 通过言语行为发出社会能，该能量向宾语 Bill 传递，与之发生社会接触。与社会域典型及物事件不同的是，该句中动词 question 并不含使宾语变化的语义特征，因为受事 Bill 可能是沉默的。虽然该言语行为并不必然导致宾语的变化，但是其他语义特征没有缺失，受事具有［+受控性］、［个体性］等特征。更为重要的是，这种社会能的力量是很强大的，具有法律上的效力。因此，这是一个强度较高的社会能传递事件，小句体现的及物性仍然较高。在句法形式上，它的被动形式也十分常见，这也反映出该小句的较高及物性。这种强度较高的社会能量通过比较更加容易理解。如果我们看这个小句:"John asked Bill",这一小句虽然也是因言语行为而产生的社会能量,但力度显然低于句(157),比如没有法律效力,宾语可以忽略该行为,而不予理睬。因此,虽然有能量传递,但力度较低,宾语的受控性低,小句的及物性也就较低。这一事实表明,社会域的能量传递与物质域、心理域一样,能量也有强、弱之分。小句描写的事件如果存在较强的能量传递,那么体现的及物性就更高。类似这样言语交际类的动词还有 interrogate、urge、persuade 等。与句(157)类似的具有强能量传递的还有如"The President has ordered a full investigation"。类似的大量的言语动词所勾勒的事件都属于社会域及物事件。在社会域的偏离过程中,动词本身的语义特征决定勾勒事件的类型,是影响偏离程度的重要因素。再看如下小句:

(158) John obeyed Mary.

(Taylor, 2001: 208)

该句中虽然主语 John 发出服从的动作,小句中也有社会能量的传递,传递的方式也是单向性的,主语和宾语之间也存在不对称性。但不同的是能量传递的方向性却恰好与社会域典型及物事件相反。宾语 Mary 充当社会能量发出者的角色,而主语 John 却充当能量的接受者角色,在宾语 Mary 受控范围内。但这种反向性会影响及物性偏离程度。这表明,在社会域中,两个参与者之间不对称的能量传递,其方向性也会成为影响小句及物性偏离程度的因素。从社会域及物性偏离的分析可见,单向的能量传递的行动链肯定是决定小句及物性偏离程度的最核心因素,能量的强弱可能影响及物性偏离的程度,而方向性会明显地影响及物性偏离程度。

第二节 中动结构

及物性是一个程度问题，及物性这一范畴以典型及物性为中心，具有最高及物性。该范畴内包括从具有较高及物性的好样本到具有较低及物性的劣样本的一系列不同地位的成员。前文从物质域、心理域和社会域分别分析了非典型及物性偏离典型及物性的具体路径和方式。正如其他体现典型效应的范畴一样，及物性与不及物性两范畴也不是完全对立的两个极点，两个范畴的边界是模糊的，没有严格的界限，相互毗连。及物性和不及物性形成一个连续体。中动结构（middle construction）具有特殊地位，该结构在语义上体现出及物性特征，在句法形式上又体现出不及物性特征，我们将它视为位于两个范畴边缘的特殊结构。比如以下小句：

  （159）The floor waxes easily.

（Keyser & Roeper，1984）

  （160）The book sells well.

（Fellbaum，1986）

以上两小句是典型的中动结构，该结构从句法表现来看，由名词（NP）+动词（V）+副词（ADV）构成。从该结构的构成成分看来，它属于不及物结构。小句中只有一个名词成分，表达一个参与者，分别为主语 floor 和 book。如果仔细考察，我们发现该类结构与由 run、walk 之类的动词构成的不及物小句有所不同，比如

"He ran""He walked"。根据非宾格假说（unaccusative hypothesis），类似 run 这样的动词描写的动作只涉及一个直接参与者，该参与者可自主地控制这一动作，其主语深层仍是主格。而像句（159）、（160）中的动词的动作涉及两个直接参与者，但在句子中表述时只出现所涉及的客体，而将施事动作者作为隐含的论元，其主语在深层其实是宾格（徐盛桓，2002：437），也可能主语充当工具的角色，如"The knife cuts nicely"。

小句（159）、（160）在语义上还包括一个隐含角色，即动作的发出者——人。两句中的主语实质上可以说是受事主语（patient subject），因为它们在语义上有受事的特征。中动结构在语义上描写的事件实质上包括两个参与者，具有典型及物事件的重要语义特征，但在表达式中施事却被隐含了（Keyser & Roeper, 1984；Fagan, 1992；Zwart, 1997）。这个施事的存在可从与这两个小句对应的及物小句形式得到验证，比如"I often wax the floor""They sell books"。可见，中动结构语义上有及物性特征，但表现形式上却只有一个论元。莱柯夫（1977）认为中动结构的主语部分是受事，部分是施事。这些复杂性使得中动结构既有一些及物性的特征，又有一些不及物性的特征。

因此，我们将中动结构视为及物性范畴的边缘成员，偏离典型及物性较远，缺失部分及物性特征，又拥有部分不及物性特征。中动结构虽然有隐含的施事，是两个参与者事件，但毕竟在形式上只表现出一个参与者，能量传递的行动链无法形成，同时也失去了典型及物事件的时间性语义特征，如［瞬间性］、［动态性］、［完成性］等。显然，中动结构在失去及物性特征的同时又获得了不及物性的特征。如此一来，它是位于及物和不及物范畴的边界，具有"两栖"特征的结构。这种边缘结构通常具有较低的能产性，中动结构的能产性较低，只有少量的动词才能出现在该结构中。除此之外，它们的句法行为也受限，通常只能用于一般现在时，而不能用于进行时，必须要有语义上相符的副词等。这些形式限制可以进一步证明它们的边缘地位。中动结构的存在也应证了及物性的典型效应，及物性和不及物性之间具有模糊的边界，并非是泾渭分明的两个极点，及物性和不及物性形成一个连续体。

第三节 及物性偏移的认知机制

一、隐喻机制

在前文中，我们详细论述了及物性在不同认知域偏离典型的路径和方式，同时发现在偏移的过程中离不开语言主体人的认知活动。我们对心理域、社会域的及物性的理解离不开概念隐喻。接下来我们将重点探讨在偏移过程中所涉及的概念隐喻及其工作机制。

福柯尼耶（Fauconnier，1985）指出我们可以设定出不同的认知空间或者认知域，所有的认知域之间都存在共同的特征，它们是通过隐域而相互联系的。隐喻是通过从始发模型（source model）向目的模型（target model）的映射过程而实现的（Ungerer & Schmid，2008）。心理域及物性以物质域为基础，涉及斯维斯特（Sweetser，1990）提出的以身喻心的概念隐喻（Mind-as-Body Metaphor）。具体来说，身体经验的物质域可以充当隐喻的始发域，因为对它的理解是可以独立于隐喻的。物质域的及物事件是我们通过自己身体的体验而直接感受到的，比如在物质空间我们可以通过手施加一个作用力控制某物体，将能量传递给物体。那么，物质域具有能量交互性的及物事件是如何映射到心理域的呢？这里涉及概念隐喻的系统性和连贯性，下面将进行详细的分析。

在概念隐喻"心智是身体"（the mind is a body）这个大系统下有概念隐喻"思维是物理作用"（thinking is physical functioning），可把它视为次系统，通过蕴含关系生成概念隐喻，"思维是移动"（thinking is moving）蕴含概念隐喻"意识是力量"（reason is a force），"意识是力量"结合概念隐喻"原因是力量"（causes are forces）和"行为是位置"（actions are locations）生成复杂的概念隐喻"意识致使"（rational causation）（Lakoff &Johnson, 1999：237）。也就是说当我们的大脑想要某件事情发生（如解决某一问题）时，就会产生意识，这种意识力量会推动人自身做出某行为，也就是最终移向某一目标位置。这个行为可能是动作行为，也可能是脑力行为（如思辨、感知等）。这一隐喻与概念隐喻"心理能量是物质能量"（mental energy is physical energy）相连贯。心理能量具有物质能量的特征，它能够移动，并能通过接触而传递。映射到目标域上就有：心理活动产生的心理能量推动人与外在物体在大脑中的表征发生心理接触，传递心理能量，造成某种结果。这样，通过概念隐喻，物质域的能量交互事件能够较为系统地投射到心理域的能量交互事件。

根据莱柯夫提出的隐喻一致原则（invariance principle），隐喻映射在目标域内，在结构保持一致的前提下，保留源域的认知布局（topology），即意象图式结构。也就是说，物质域及物事件的弹子球撞击的行动链的意象图式结构保持不变。这种不变并非所有特征毫无保留地投射到目标域，而是重要的结构关系得到突显。文旭（2014：61）指出我们在通过始发域来理解目标域时，必然会突出某个方面，而掩盖另外的方面。例如物理及物事件向心理及物事件投射的过程中，我们把注意力集中于事件中能量的交互，更关注能量的发出者、心理接触、能量的传递、致使变化，而忽略时间性、受事是抽象的还是具体的事体等特征。那么，通过这个概念隐喻，我们便可理解心理活动的及物性。比如理解知识就像是抓住了知识，并且使之处于自己意识的掌控之中，在大脑中心理意识与知识表征发生心理接触，传递心理能量。

同样道理，我们也可以将物理域的及物性概念通过隐喻投射到抽象的社会域。在概念隐喻"社会世界是物质世界"（social world is physical world）这个大系统下，有概念隐喻"社会行为是物理作用"（social action is physical functioning）这个次系统，该系统下的隐喻结合概念隐喻"原因是力量"，就可以产生概念隐喻"社会致使"（social causation）。社会中人与人之间的交际言语行为和其他社会行为等能够向社会中的另一个事体移动，发生社会接触，致使其发生变化。这一隐喻与概念隐喻"社会能是物理能"（social energy is physical energy）相连贯。社会能就是物理能，能够移动并通过接触而传递。映射到目标域上就有社会域及物事件，社会行为产生社会能，在社会能推动下使动作主体或动作结果向另一事体移动，发生社会接触，导致变化发生。在这一映射过程中，最为突显的仍然是能量交互的行动链模型。

从以上分析可知，及物性概念通过人的隐喻性的认知思维活动得以拓展到心理域和社会域。物质域中，在运动致使下发生物理能传递；心理域中，在意识致使下发生心理能传递；社会域中，在社会致使下发生社会能量传递。此处隐喻的生成可以描写为始

发域（物质域）为目标域（心理域或社会域）提供概念背景，始
发域向目标域投射，生成另一个新的整合域，该整合域既不同于
始发域也不同于目标域，既选择性地吸收了两个域的特征，也掩
盖了一些特征（如时间性），这样形成了新的能量传递行动链
（mental energy transfer/social energy transfer），始发域和目标域共同
为投射后的整合域提供背景，整合域被前景化，可以用语言进行
直接编码。以物质域向心理域投射的隐喻工作机制予以说明：

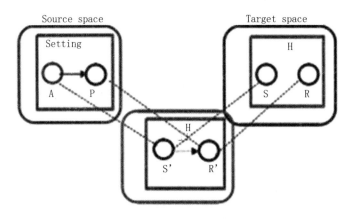

图 3-4　心理域及物性的隐喻工作机制

　　居于源域的物质域典型及物事件中的能量传递模型要素包括：
A=施事（Agent），P=受事（Patient），以及能量传递，受事发生
变化。目标域中的要素包括：S=主观意识中心（subjective center of
consciousness），R=事体表征（representation of entities），H 表示所
在位置为大脑中。通过源域向目标域的映射，建构了不同于二者
的新的整合域，在该域中，S' 与 R' 形成了心理能量传递的行动链，
其中 S' 既获取了两个域中 A 和 S 的特征，又与它们有所不同，是
一种意识施事，既是体验者又是施事；同样，R' 也有别于 P 和 R，
是事体的概念表征，同时也是受事；H 仍然表示心理能量传递的

位置在大脑中。

二、转喻机制

我们在前几节描写及物性偏移就已经提到：在该过程中，尤其指同一认知域内的及物性偏移，小句的主语和宾语在语义角色上都存在偏离典型施事和受事的情况，有些偏离背后涉及转喻性的认知操作。转喻不仅是一种修辞格（figure of speech），也是一种思维格（figure of thought）（Panther, 2006：148）。转喻不仅是一种语言的饰物，更是一种无处不在的认知机制，是人的重要的、基本的认知能力。兰盖克（1999：67）认为转喻是语法的核心和本质。文旭（2014：72）也指出语言在本质上就是转喻的，语言起源于人类的转喻思维。转喻通常被认为是在同一认知模型中进行的映射，即同一认知模型中的一个范畴被用来代替另一个范畴。因此，转喻能力使认知主体能够在同一个认知模型中，用一个范畴去激活另一范畴，这样前者就得到了突出。两个事体之间的转喻关系是以 ICM 中概念之间的邻近关系为基础的。

在及物性偏离典型的过程中，小句的施事和受事的偏离原型角色主要涉及整体代部分或部分代整体，以及部分代部分两大综合性构型（configuration）。有些小句的主语不是施事而是工具，如句（90），工具 key 是有生命的施事的一部分，因此，说话者在进行认知加工时，用部分（钥匙）来激活整体（人），这样部分得到了突出。当然，转喻在此处的使用是有限制条件的，可以被用来激活整体的（施事）的部分必须能够部分地影响受事。句（90）中的主语 key 是施事开门动作的成功完成所不可缺少的工具，因此，在编码过程中，认知主体能够自然地使用转喻能力。但如果是施事身上的附属物（眼镜、衣服等），或者是拿错的钥匙，与动作完成没有直接关系，则不能通过转喻用作小句主语。

心理域小句的主语虽然都是人，但实质上处于激活区（active zone）的只有人的大脑，这是整体转部分的转喻模式。类似的小句还有如"He hit me"，该句中，实际发出"打"这个动作的是主语"他"的拳头，拳头只是主语的一部分。施事偏离原型角色并不总是通过部分—整体的关系，还可能涉及同一个 ICM 中部分与部分之间的转喻关系，比如"The herniated disk in room 314 needs a sleeping pill"（Langacker, 1999：198）。该句中，病的名称"the herniated disk"与病人是同一个 ICM 中的不同部分，但两者之间又存在邻近性，彼此相互关联，因此可以用病名代病人。

非典型及物小句的受事偏离原型角色，也涉及整体—部分和部分代部分的转喻模型。比如"She bought Lakoff for just 5 pounds"，这里的 Lakoff 是书的作者，与真正所指的书是部分转部分的模式。其实，非典型及物小句的受事角色的偏离方式多样，很多宾语都是非受事宾语，即非主语动作的真正对象，而是结果，或环境成分中的时间、地点因素等。它们之所以能够出现在宾语的位置，代表真正的动作对象，主要也是依赖于转喻。比如小句（92）、（99）、（102）、（103）、（104）都属于整体代部分的转喻；句（100）、（101）中的地点转喻模型都可归为部分代部分的转喻。这两句中的地点与生活在当中的人或存在的事体是同一 ICM 中具有邻近关系的两部分。类似的由部分代部分的转喻而导致的受事角色偏离现象还有很多，比如"I'll have a cup""He bought a Ford"等。前句是容器转喻内容，后句是生产者转喻产品，这都可以说是一种部分代部分的转喻。

除此之外，非典型及物小句及物性偏离典型还涉及更为复杂的转喻。小句（107）、（108）所涉及的复杂转喻模型被称为"逻辑转喻"（logical metonymy）（Pustejovsky，1991）。所谓逻辑转喻，指"动词或形容词语义上要求选择一个事件类型的论元，而实际上做论元的名词却不指事件，事件的解读可以从名词的语义获得"（宋作艳，2011：205）。大部分转喻可以说是指称性的，也有图式层的转喻（schematic metonymy）。例如句（133）中的主语 laptop 指整个 laptop 认知域中的子域实体（physical object）。这是一种边缘的、纯粹图式层的转喻，因为目标域包括在源域当中，是源域中的激活区（Barcelona，2007：106）。

那么，为什么同一 ICM 中的一个事体能够代另一个事体呢？潘瑟（Panther，2005：357）指出，转喻应该说是源概念为目标概念提供心理可及的认知过程。兰盖克（1999：198）认为转喻实际上是一种参照点现象，也就是说转喻的表达式标示的一个事体充当参照点的功能，为认识另一个事体提供心理通道。说话者和听话者之所以能够轻松地、准确地理解这种标示的变化，是因为该参照点能够成功地激活那个目标事体。参照点能力是认知主体的基本认知能力之一，因此，转喻的应用非常普遍，无处不在，有时甚至我们都没有意识，比如"Joey speaks French"（文旭，2014：76），该及物小句的动词"说"只是使用某种语言的其中一种技能，因此，是分事件转喻整个事件。另外，还有一个原因是转喻有重要的认知和交际功能。例如我们通常说"I wrote a letter"，而不说"I wrote every single word"；我们说"I like the gift"，而不说"My brain like the gift"。

我们之所以这样说而不那样说，就是因为转喻的这种重要功能，即在认知的突显性和交际的准确性之间建立一种平衡。所谓认知突显性，指我们总是倾向于关注认知突显度最高或是我们最感兴趣的事体。所谓准确性，指小句勾勒的关系中真正参与的事体的准确性和详细性。那么，虽然 letter 并不是真正的事件参与者，但它作为整体认知突显度高，又容易进行编码，是我们真正感兴趣的对象，而写的每一个字是次要的个体，因此，我们自然会选择 letter 作为小句的直接宾语。这样，交际的准确性只能让位于认知的需要。转喻恰好可以成功地协调这种矛盾，既满足了认知的需要，也能够使交际双方通过转喻性表达理解所代目标。那么，什么因素使得某事体具有足够的认知突显性，可以作为转喻参照点呢？

兰盖克（1999：199）提出了认知突显原则：人类>非人类（human>non-human），整体>部分（whole>part），具体>抽象（concrete > abstract），可视的 > 不可视的（visible > invisible）。小句（99）、（102）、（103）都是整体的突显度高于部分，可以用整体代部分。但像句（90）的主语是工具 key，类似的其他小句还有"I need some new faces"，这两句中的 key 和 face 都是人的某部分，是用部分作为转喻参照点，主要原因是某种特定情景下的交际需求，使得对事件真正参与者的准确性要求提高，同时也获得特殊的突显地位。可见，转喻参照点的选择主要遵循认知突显原则，但受到特定情景下的交际目的调控。

转喻是及物小句中核心成分的语义角色偏离原型的重要认知手段，正因为有了转喻才可能出现施事和受事的多种方式的偏移，而说话人和听话人也能够毫不费力地准确理解。在小句及物性的偏移方式中，无论是何种类型的转喻，总体看来，都涉及两大模式：整体-部分与部分-部分之间的转喻，这两大模式都可以用兰盖克的激活区（active zone）来表示。如图 3-5 所示。

图 3-5 中，"tr"表示及物小句的主语，是动词勾勒关系中的

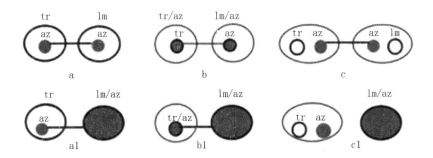

图 3-5 小句及物性偏移的转喻机制

射体；"lm" 表示及物小句的直接宾语，是动词勾勒关系中的标界；"az" 表示激活区，是动词勾勒关系中的最直接参与事体。

图 a 表示整体代部分的转喻，主语与宾语都是整体得到突显，与激活区的真正参与事体不一致，如 "The dog bit the cat"，真正的参与事体是狗和猫的身体的某部分。这种模式的转喻还可能出现其他情况，即主语有转喻而直接宾语并没有涉及转喻，如 "I like the gifts"，如图 a1 所示，不同的是直接宾语作为一个未分化的整体与激活区内容一致，用加粗的阴影圆表示。同样道理，也出现了主语是一个未分化的整体，而直接宾语涉及转喻，如 "She cooked dinner" 等，图示则与图 a1 恰好相反。

图 b 表示部分代整体的转喻。激活区得到突显，充当主语和宾语，而它们是某事体的一部分。激活区能够为整体提供认知参照，使得整体能被激活。这种模式也会出现两种不同的情况，即仅主语涉及转喻或仅宾语涉及转喻。

图 c 表示部分代部分的转喻。动词勾勒关系中的主语和宾语与激活区是相邻近的部分与部分的关系。当然在很多情况下也出现两种情况：仅主语涉及部分转部分或仅宾语涉及该类转喻。如小句（100）、（101）、（105）。

　　总而言之，转喻和隐喻都是重要的认知思维方式，是及物性偏离得以实现的重要认知工具，转喻在小句的主语和宾语的选择上起重要作用，而隐喻则帮助我们理解更为抽象的认知域的及物性。

　　及物性是体现典型效应的语言范畴，以典型及物性为中心，大量的非典型成员则或多或少、或远或近地偏离典型及物性，导致小句及物性呈现出层级性。根据典型及物事件，我们归纳出典型及物性的语义特征，这些特征主要从典型及物事件的三个核心方面进行考察，分别是及物事件类型、施事特征、受事特征。典型及物性的语义特征可以作为衡量非典型及物小句的及物性，或者说及物性偏离方式的标准。也就是说在考察及物性的偏离路径、方式时，我们应从事件类型特征以及两个参与者的语义角色特征三方面描写小句及物性的偏移。通过分析，我们发现，在其他特征相同的情况下，缺失的语义特征越多，及物性越低。但是这些语义特征并非处于完全平等的地位，影响小句及物性偏移程度的最关键因素为所描写的事件类型是否有能量传递行动链的形成，即是否具备与之相关的语义特征。如果小句中的主语和宾语是独立参与者，或者其中之一是参与者，而另一个是环境成分等作为非参与者，则会造成行动链无法形成，这种情况下，小句几乎没有及物性。如果事件中的两个参与者不存在客观上的不对称性，而只是主观上的不对称性，或者主语和宾语之间是同指或互指关系，小句及物性也较远偏离典型，导致小句及物性极低。

　　及物性总体而言分布在三个认知域，分别为物质域及物性、心理域及物性和社会域及物性。由于物质域及物性的概念基础源于我们看得见的物质世界，在我们的认知中更为基础，是理解更抽象的心理域、社会域及物性的基础，这两个认知域也同样呈现出层级性。心理域典型和社会域典型都是以物质域及物典型为源域的隐喻性延伸，背后涉及 mind as body 和 mental energy is physical energy，social world is physical world，social energy is physical energy 的概念隐喻。在从源域向目标域投射的过程中体现出概念隐喻的连贯性和系统性。在不同的认知域内，小句及物性也因缺失典型及物性语义特征而不同程度地偏离典型。

在小句及物性偏移的过程中涉及转喻，转喻模式主要可归纳为两个大类：部分-整体和部分-部分。转喻的工作机制可通过激活区得以解释。转喻和隐喻在及物性偏移的过程中起到了重要的作用，如果没有认知主体的隐喻、转喻能力，及物性就不可能有如此多样和复杂的非典型形式出现。概念隐喻使得我们能够基于物质域及物性理解心理域、社会域及物性；转喻使得小句所表达的及物性事件中参与者的语义角色呈现多种变化。最后我们可以用下图作以下总结：

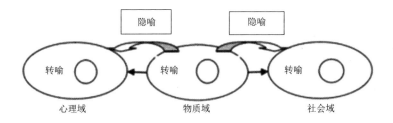

图 3-6　不同认知域及物性

及物性存在于不同认知域：物质域及物性、心理域及物性、社会域及物性。我们以物质域及物性为基础，通过概念隐喻的认知机制，对后两个抽象认知域及物性进行理解。在每个认知域的中间位置，都有各自的典型，用圆圈表示，对物质域典型进行补充。每个认知域内都发生及物性从典型向非典型偏移的过程，其中参与者充当不同的语义角色，这一过程主要涉及转喻认知机制。

第四章 小句及物性与认知识解的关系

第一节 语言编码与认知识解

　　小句及物性虽然是对客观事件的表达，但说话者在语言编码过程中的重要作用不容忽视。这里的语言编码，指说话人将自己对特定语境下的情景事件的观察经过认知加工，再用合适的语言结构进行表达的过程。这是一个在线的、动态的过程，具有高度的语境敏感性。类型学研究由于采取静态的视角，并且局限在语言内部，忽略了语言使用的语言外因素，并未聚焦认知主体与小句及物性的关系问题，更没有能够提供较好的解释。若采取动态视角，关注语言使用者在对相同情景事件进行瞬时编码时对小句及物性差异所起的作用，更能够全面地描写客观事件、编码小句以及主观认知加工的关系。不仅如此，这种动态视角更符合认知语言学发展的趋势，即不只关注大脑内的语言加工，还要关注语言外因素。如此，我们也拓宽了及物性的维度，及物性不仅与句法、语义有关，还与语用有关，这也是及物性多维性的体现。

　　语言编码过程中涉及的主观认知加工很大程度上与认知识解密切相关，可以说是相互依赖的关系。识解对语言表达的形式和意义具有关键性的作用。兰盖克（2004b：487-488）将识解定义为说话人与其所概念化和描绘的情景之间的关系。可见，事件与语言之间并不是镜像的对应，任何一个情景事件的概念内容都包括认知主体的某种识解方式，认知主体在意义的建构中发挥着积极的作用。识解反映了人类语言的主观性，依赖于语境、社会和文化知识，这是交际互动的需要，不仅仅是语言知识系统的需要（魏在江，2011：13）。纳斯（2007：17）指出，大部分语言都会提供形式上不同的结构来表达本质上相同的事件，比如主动句和被动句都可用来表达语义上及物的事件。他还进一步指出，形式上的及物性不仅依赖于客观事件的语义特征，而且还依赖于说话者对该情景及事件的识解。因此，并不是所有及物事件经过主观认知识解后都被编码为有及物性的小句，有的可能会被编码为无及物性的小句，反之亦然。即便是相同事件，也可能由于说话人的表达需求、认知加工等的不同而产生不同方式的识解，导致小句及物性发生变化。

　　识解的重要功能是对及物性概念意义，即事件的概念内容进行调控。典型及物性是对弹子球撞击事件的典型或常规识解。如果采用不同的识解方式，主观性加强，编码小句体现的及物性就会在一定程度上有所降低。对于一个特定的情景而言，究竟最终被描写为一种状态关系（不及物的），还是动态的能量传递过程（及物的），并不仅仅依赖于情景自身的特征，而是由说话人的主观认识来决定的。在本书第三章及物性层级性的论述中，我们可以看到不仅只有施事可以充当小句的主语，体验者、刺激物等都可能出现在主语的位置，而宾语也可以是受事、接受者、独立参与者等。因此可以说，及物性是一种识解现象，体现主观性，是认知主体进行在线加工的产物。识解方式的选择受到交际目的、交际背景等因素的影响或调控，这说明及物性还有语用维度。那么，认知主体的哪些识解维度影响了及物性偏离典型呢？不同的认知语言学家对识解维度持有不同观点。接下来，我们依照兰盖克（2008a）所主张的识解维度，将其整合为详细程度、突显和视角，从这三个方面，探讨同一情景下由于认知识解维度选择的不同导致编码小句体现不同及物性。

第二节　小句及物性与详细程度

　　详细程度是识解的维度之一。所谓详细程度，指说话人对某一情景进行描写的精确程度。说话人对某一情景内的细节描写是有详略程度之分的，有时对于细节描写得较为详细，有时则较为粗略。比如在描写汽车的时候，我们可以粗略地说汽车，也可以稍仔细地说敞篷汽车，或者更为详细地说红色敞篷汽车。与之类似，宝蓝色比蓝色更为具体，蓝色比有色更为详细；玫瑰花比花更具体，花比植物更详细。因此，详细程度高的表达式对情景的描写更加细致，也可以说分辨度高。相反，详细程度低的表达式对情景的描写更加粗略，也可以说分辨度低，只描写大体特征或整体结构。也就是说，详细程度的不同反映了这些表达式的图式化程度也不同，详细程度越低的表达式图式化程度越高，以上所举例子的图式化程度由高到低可表示为：汽车>敞篷汽车>红色敞篷汽车，有色>蓝色>宝蓝色，生物>植物>花>玫瑰花。表达式"汽车""有色"和"生物"的图式化程度最高，随着表达式越加具体，其图式化程度逐渐降低，并且后一个表达为前一个表达提供了更加详尽的信息。

大体上，更概括、更一般的词（或表达式）所指示的空间范围比更具体、更详尽的词（或表达式）所指示的空间范围大（文旭，2014：92）。因此，可以说图式化的表达式以不同的具体表达式为示例。每一个具体表达都是对其图式化特征的更详尽阐述，它们之间的关系被称为阐述关系（elaborative relation），可表示为A→B。根据阐述精确度的不同，不同的表达式之间形成阐述层级（elaborative hierarchy）。这种关系既可以体现在词汇中（生物>植物），也可以体现在各种表达式中（汽车>那辆红色敞篷汽车）。这一关系类似于哲学中种类（type）和实例（token）的概念区分（Baggini &Peter，2010：187）。当我们说汽车这个词的时候，我们并不是指某辆具体的汽车，而是一个类的概念，它是一个抽象图式，某辆具体汽车才是这一类别的具体实例，它们之间的关系也就是阐述关系。所有带有不同信息的实例都共同拥有一个相同的抽象图式，即类的图式。认知主体在对某一情景进行描写时，可以根据交际目的和情景的需要，将事体识解为较抽象的类，或是位于不同阐述层级的实例，可能描写得较为粗略，好像是从远处看一样，看得较为模糊；也可能描写得较为详细，好像是从近处看一般，看得更清楚。

那么，编码小句及物性与语言使用者识解操作维度中的详细程度有关系吗？是否会受其影响呢？有何影响呢？我们不妨设想一个情景：在动物园看到熊猫吃竹子。这一事件，由于说话人识解维度中的详细程度不同，可能最终编码为以下两句：

（161）Pandas ate bamboos.

（162）This big panda ate that fresh bamboo.

句（161）中的主语和直接宾语 panda、bamboo 都是类指，是较为粗略的描写，而句（162）中的"this big panda"和"that fresh bamboo"则是具体实例，具体指某只熊猫和某株竹子，增加了更为详尽的信息。这种详细程度的不同也可以表现为不同的逻辑特征。句（161）蕴涵句（162），但句（162）不能蕴涵句（161）。根据典型及物性的语义特征，能量传递中的两个参与者都是入场的事体，也就说是在某特定情景下有具体的指称对象。那么，句（162）中的两个参与者是类指，并没有指出是哪个具体的实例，因此，在语义上偏离及物典型。但是，此处类指和实例的区分并没有从实质上导致参与者语义角色的变化和偏离，它们仍然都是施事或受事，也没有导致小句缺失其他核心语义特征。因此，这种偏离程度是极微弱的。

在以上例句中，详细程度的差异是由名词造成的。除了名词之外，动词也可能体现详略度的不同，比如 do>break>shatter。假设 Tom 把花瓶打破了，说话者可能将这一事件编码为以下及物小句：

（163）Someone did something.

（164）Someone broke something.

（165）Tom broke the vase.

以上三句都是对相同情景的描写，因为说话者对事件识解的详细程度不同，从而编码为不同的小句。它们的详细程度依次为句（163）＜（164）＜（165），从左往右，详细程度依次增高，后一句都可以蕴涵前一句。虽然小句的句法形式相同，但所体现的及物性有所不同。句（164）的动词 break 比句（163）的 do 在语义上更精确，相比之下，增加了［致使性］和［性质变化］的及物性语义特征，因而小句的及物性高于句（163）。句（165）将具体的人和物都编码出来，而句（164）中的 someone 和 something 是类指，不是具体的实例，根据典型及物性的语义特征，句（165）体现最高及物性，高于句（164）。以上三个小句的及物性随着详细程度的提高，及物性逐渐增高。

以上实例表明，详细程度的差异会导致所编码小句的及物性意义和高低有一定的差异。有的情况下，识解的详细程度不同会导致较大的及物性差异。我们不妨假设一个情景，我们观看舞蹈演员跳舞，由于识解的详细程度不同，可能粗略地说她们跳了舞，也可能更加详细地说她们跳了一支现代舞，可以用以下两个英语小句进行编码：

(166) They danced.

(167) They danced a modern dance.

句（166）体现较低详细度，编码为不及物小句，几乎没有及物性。而句（167）的描写更为具体，增加了更多信息，表达了一个具体的舞蹈，有一定套路和具体的终结点，编码为同源宾语及物小句。从前文的论述中可知，句（167）虽然不是典型及物小句，但仍具有较多核心典型及物性语义特征，因而具有较高的及物性。与之类似，假如要描写一个人的离世，我们也可能因为识解的详细程度不同而编码为不同的小句，如下例所示：

(168) He died.

(169) He died a heroic death.

某人的离世本身是不及物事件，如果对该事件采用常规的识解方式便编码为句（168），但如果说话者对该事件的识解更为详细，则可能编码为句（169），该句中的 a heroic death 表达了具体的特征和性质，是一个具体实例。从及物性偏离角度看，句（168）没有及物性可言，而句（169）根据前文的论述具有极低的及物性，两句的及物性完全不相同。

我们再假设一个情景，学生通过了数学期末考试，我们可能粗略地说"The students passed"，也可能更加详细地说"The students passed the math exam"，更加精准地表达出是数学考试而不是语文考试。显然，两句话的及物性高低差异较大，前者无及物性而后者则及物性较高。

从这些实例可以看出，识解的详细程度会影响小句及物性的高低变化，不同小句之间的及物性不尽相同，而影响程度可能比较微弱，也可能较为显著。说话者对事件进行语言编码时，并非识解的详细程度越高越好，究竟详细到哪个程度，会受到交际目的、交际语境等的影响。

第三节 小句及物性与突显

突显（prominence/salience）是一个重要的识解维度，它实质上是指一种不对称性。每个情景中的事体，总有一些会获得我们更多的注意力，而另一些则获得相对较少的注意力，并且将这种认知上的不对称性通过语言编码，最后表达出来。在空间域和视觉域，有些事体的内在特征使得它们通常在认知上更突显，比如具体事体比抽象事体更突显，真实存在的比想象的更突显，显性的比隐性的更突显。事体的内在特征并不能完全决定它是否得到突显，还要依赖认知主体的主观认知方式。比如，聚焦的不同会造成突显的不同，被选择的事体相对于未选择的事体更突显，置于前景的事体比置于背景的事体更突显。下面我们将着重探讨与及物性偏离典型有密切关系的三种主要突显方式：聚焦、勾勒和射体—界标。

一、聚焦与及物性

聚焦是突显的一种方式。认知主体在纷繁的世界中，并不能注意到所有的事体，只是把焦点（focus）聚集于某些事体，而忽略其他认为不重要的事体。我们好像是通过一个窗户来观察外部世界，并且只选择关注窗户中能够看到的事体，而忽略那些看不到的事体，这是选择语言表达式所反映的概念内容。聚焦包括图形—背景这一认知结构以及辖域。

（一）图形-背景与及物性

选择是聚焦的一部分，聚焦还包括对该内容进行排列、安排的方式，通常隐喻性地表示为前景和背景（Langacker，2008：56）。前景和背景是一种隐喻性的表述，实质上反映了一种不对称性。这种不对称性是我们人类认知的一个十分普遍的特征，在很多方面都有体现。比如过去发生的事情总是可以作为背景帮助我们理解当前发生的事情。对某事体已有的经验也可以是背景，作为我们理解当前语境下意义的基础。同理，当我们判断某事体属于某个范畴时，该范畴的结构及其特征仍是背景，作为我们判断、评价的基础。在语篇层面，对于情景和人物角色的描写是我们理解故事发展的背景，而一系列事件则是前景（Hopper &Thompson，1980）。前景和背景这一认知上的不对称关系最为突出地表现在图形-背景这一认知结构中，这一认知结构在我们对周围世界进行感知时体现得最为明显。

根据"普雷格郎茨原则"（Principle of Prägnanz），通常是具有完形特征的物体（不可分割的整体）、小的物体、容易移动或运动的物体用作图形（匡芳涛、文旭，2003：25）。比如桌子上的一本书，书的体积相对较小并且更容易移动，因此在感知这一情景时，常常把它识解为图形；而与之相反，桌子相对稳固，体积较大，不易搬动，因此被识解为背景。这种聚焦方式的不同体现在不同层面的语言表达式中。在词汇层面，比如合成词 pencil sharpener，pencil 和 sharpener 为合成词 pencil sharpener 的意义提供了背景。图形—背景的认知结构也体现在句法层面，如语言"空间结构"、语言"时间事件"，当然还应该包括语言"能量传递事件"。比如，及物小句的主语和宾语也具有不对称性，小句中的主语是图形，突显程度最高，宾语是背景，突显程度仅次于主语，而没有被选择成为主语和宾语的其他成分（如环境成分），被突显的程度自然更低。在一个情景下，哪个事体是图形，哪个是背景，不仅仅受事体的内在特征影响，更受认知主体的主观认识影响。比如：

（170）People have witnessed many thrilling contests in this arena.

（171）This arena has witnessed many thrilling contests.

以上两个小句是对同一个情景的描写，但在前句中选择有生命的人作为主语，是最突显的图形，其语义角色为体验者；在后句中，事件中静止的环境成分 arena 则是焦点，被识解为图形，两句识解方式的差别可用图 4-1 表示。

图 4-1 左图表示句（170）的识解方式，右图表示句（171）

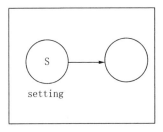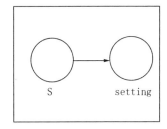

图 4-1 聚焦的不同识解方式

的识解方式。两句由于识解聚焦不同，导致选择的图形不同，小句所体现的及物性也不尽相同。前一句是较为常规的识解方式，有生命的人常被认为是图形，而后一句则是为了表达的需要，把背景识解为图形。前一句中有心理能量的传递，因此及物性较高。后一句由于属于非常规的识解，主语 arena 并不是事件参与者，导致能量传递的行动链无法形成，可以说几乎没有及物性。从句法表现形式看，后一句无法转换为被动语态，也证明该句的低及物性。

以上例句表明，由于聚焦方式不同，认知主体可能选择不同的事体作为小句主语——图形。同样，小句宾语——背景的选择也体现出灵活性。例如：

(172) He climbed the mountain.

(173) He climbed up the mountain.

(174) The horse jumped the fence.

(175) The horse jumped over the fence.

(176) He laid a carpet in the room.

(177) He carpeted the room.

(Taylor, 2001: 212)

前述小句（170）、（171）中的主语（图形）都是相同的，只是对宾语（背景）的识解不同。而在句（172）中，事体 mountain 被识解为事件参与者之一，形式上表现为宾语，是背景，而句（173）则只选择了一个参与者——主语，mountain 则被弱化为环境成分。同理，句（174）中的 fence 被识解为这一情景中的背景，而句（175）中的 fence 则被视为环境成分。显而易见，由于聚焦的不同，组内两小句的及物性有明显差异。句（172）中的事体 mountain 被识解为"爬"这个动作需要克服的对象，形式上表现为动词 climb 的宾语，同时爬山的人对 mountain 发出动作，能量传递给了 mountain，虽然并没有导致能量的接受者发生本质的改变，不具有典型的及物性，但已经形成了能量传递的行动链，有一定的及物性。而句（173）中只有一个参与者，mountain 是动作"爬"发生的地点，属于环境成分，所以没有行动链形成，也就没有及物性，因此其及物性低于句（172）。同理可知，句（174）的及物性高于句（175）。

句（176）和（177）选择的图形相同，都是动作的发出者——人，聚焦的不同体现在对宾语的选择上。句（176）中在对小句的背景即宾语聚焦时，焦点为事体 carpet，而 room 只是表示地点的环境成分，并不是聚焦的焦点所在；而句（177）则有所不同，将聚焦转移至 room，识解为动作的对象，即小句的直接宾语。由于两句对直接宾语——背景的聚焦不同，造成两句的及物性意义产生差异。由于两句都有能量传递的行动链，拥有相同的及物性语义数量，因此具有较高及物性。可见，对小句背景聚焦方式的不同并未造成两句及物性高低的显著偏离。但受动词语义特征的限制，像句（177）这样的小句能产性不如句（176）。比如我们不能说"He windowed the house""He moneyed the orphanage"，却可

以说 "He installed windows in the house" "He provided money for the orphanage"。可见，识解并非任意发生，还可能受到动词语义特征的限制。说话者选择聚焦的事体数量和对象不同，也会造成小句的及物性不同。

(178) The light emanated from the beacon.

(179) The beacon emitted light.

（文旭，2014：94）

句（178）和（179）也是对同一情景的不同描写，但由于聚焦方式的不同，编码出的小句体现出意义不同和高低不同的及物性。在这一运动事件中，句（178）只聚焦于一个事体 light，将其视为该事件中的最主要参与者，相对于静止的环境而言，light 是移动的事体，自然被识解为小句的图形，而 beacon 并不是焦点所在，只是作为背景表示地点的环境成分，未被编码为小句的核心成分。句（179）则有所不同，说话者的焦点聚集在两个事体上，分别为 beacon 和 light，并作为该能量传递事件的两个主要参与者，在对两个事体进行位置的排列时，将相对静止的 beacon 视为图形，移动的光线 light 视为背景。句（178）中只有一个参与者，显然没有及物性；而句（179）包含两个参与者，并且有不对等的能量传递，是具有一定及物性的非典型小句。两句的及物性表现出明显差异，说明聚焦方式不同、选择聚焦的内容不同会导致小句的及物性产生显著不同。

认知主体对同一情景产生不同方式的识解与诸多因素有关，包括人的基本认知能力、语境需求及词汇特征。从上例可知，识解方式的不同还与情景的特征有关。情景特征包括在某特定情景下事件类型的特征、参与者的特征、环境特征等。按照常规识解方式，典型及物事件中，能量的发出者被识解为图形，它是意志性的动作者，是移动事体，而能量的接受者则被识解为背景，它是相对静止的事体。

但在很多情况下，施事的特征并不完整，即不是典型施事，比如句（178）中的灯塔是能量源，但并不像典型的能量源那样是移动的事体，在这种情况下，说话者主观识解方式会更加灵活、多样，对图形和背景不同选择的可能性更多。因此，越是不典型的能量交互事件，越容易出现不同的识解，编码为体现不同及物性的小句。而这种不同的识解方式之所以能够在语言表达上得以实现，还要依赖于动词的特殊语义特征。比如动词 emanate 自身要求释放物作为图形，而 emit 则要求能量释放源作为图形。客观上处于对称关系的事体，也可能出现主观上的不对等，造成说话者使用不同的图形、背景聚焦方式，最终编码为不同的小句：

（180）Tina resembles Mary.

（181）Mary resembles Tina.

（182）Children have parents.

（183）Parents have children.

句（180）和（181）描写的是一种对称关系，粗略来看，这两个小句似乎表达的是相同的命题，但事实上，它们所体现的聚焦方式不同，因此具有不同的及物性。两句虽然选择聚焦的参与者相同，即 Tina 和 Mary，但认知安排的方式却不尽相同，对图形-背景的聚焦方式不同，在描写可变点和参照点的语义功能时有所不同。前句将 Mary 视为固定的评价标准，主要是描写 Tina 的特征。表现在小句中，Tina 是主语，是图形，Mary 是宾语，是背景。而后句则正好相反，选择 Mary 作为图形，Tina 为背景。两句所体现的及物性虽概念内容相同，但识解方式不同，因此，其及物性的意义也不相同。但句（180）和句（181）及物性的高低并无差异，因为它们拥有相等的及物性语义数量特征。那么，我们可以说由于聚焦不同而造成两句及物性意义不同，而并未造成及物性高低的差异。与之类似的是句（182）和句（183），这两句也都选择了相同的内容进行聚焦，但前一句的图形是 children，后一句的图形是 parents，两句所选图形-背景不同，聚焦安排方式不同，因此只是及物性意义不同，而及物性高低没有明显差异。

需要指出的是，在以上四例中，图形之所以能够识解为图形，仅参照"普雷格郎茨原则"显然不够，比如句（180）和（181）中的参与者特征几乎相同，两者之间的不平等是主观识解的结果，是主观不对等（subjective asymmetry）。因此，必须要参照图形和背景的定义特征，"图形没有已知的空间或时间特征可确定；背景具有已知的空间或时间特征，可以作为参照点用来描写、确定图形的未知特征"，其他如大小、可移动等都是联想特征（文旭，2014）。句（180）和（181）中 Tina 和 Mary 是对称关系，但在某种特定语境下，可能 Mary 是说话双方共知的人，因此可以识解为背景，作为参照点来描写图形 Tina 的未知特征，编码为句（180）。因此，这种主观不对称并不是完全任意的，受到交际环境的控制，比如要回答"What does Mary look like？"那么就需要把"Mary"作为图形，是未知事体，是要描写的对象，此时认知原则与语境需求是一致的。但在有些情况下，语境需求必须让位于认知原则，如果要回答"What does the father look like？"我们不能说"His father resembles the son"。有些由动词 resemble 勾勒的小句的参与者并不能交换位置，因为按照认知排列的原则，孩子不能为他的父亲提供参照点，通常父母亲的长相、身高特征会遗传给儿女，而不是相反，所以父亲具有已知的特征，可视为参照点来确定儿子的未知特征。此处，只能儿子是图形，父亲是背景，图形和背景不能交换。

（二）辖域与及物性

聚焦这一识解维度中还有一个重要概念就是辖域（scope），辖域之所以也包括在该维度之中，主要原因是它也是一种选择，也可以将选择的内容分为前景和背景，一个表达式的最大辖域是与小句描写内容相关的所有元素，而直接辖域指与某种目的最直接相关的部分。因此，直接辖域处于前景，是"舞台"上的那部分；而最大辖域处于背景，是我们聚焦观察的一般区域。由于辖域的不同，也就是说选择哪个事体作为台上区域的不同，也会造成及物性意义的不同。例如：

(184) Terry touched Bill's shoulder.

(185) Terry touched Bill on the shoulder.

(186) Carla hit Bill's back.

(187) Carla hit Bill on the back.

（Levin, 1993: 7）

表面看起来，这两组小句中前一句和后一句的意思似乎并无差异，但对于直接宾语的聚焦选择存在差异，从而导致及物性意义的不同。句（184）和句（185）中选择聚焦的直接宾语不同，前一句聚焦于 Bill's shoulder，后一句则是 Bill。而 Bill's shoulder 是 Bill 身体的一部分，因此，我们可以说 Bill 是最大辖域，Bill's shoulder 是直接辖域。前句的焦点放在直接辖域上，因此，Bill's shoulder 是直接宾语，而后句的焦点聚集在 Bill 这个人，他既是最大辖域也是直接辖域。两句聚焦辖域的不同可用图 4-2 表示。

图 4-2 辖域的不同识解方式

图 4-2 中，左图为句（184）的识解方式，直接辖域为焦点所在；右图为句（185），最大辖域与直接辖域重合，为焦点所在。可见，两句对事件中的第二参与者的聚焦方式不同，及物性意义也因而有所不同。及物性意义的不同还体现在直接宾语的语义角色的不同，虽都不是典型受事，但前句中，Bill's shoulder 更像是处所、位置（location），而后句的 Bill 则更像是体验者。

需要指出的是，虽然及物性意义不同，但这一识解差异只是体现在整个事件的局部即其中的一个参与者的选择，并且两者是部分和整体的关系，对整个事件的能量传递及物性语义特征没有造成实质性改变，因此，对及物性高低没有明显影响。句（186）和句（187）的识解差异同理可知。

这一识解方式的不同，同样是由多种因素交互作用的结果，其中动词的独特语义特征十分重要，否则这种识解的差异无法用语言编码出来，原因在于并不是所有动词都允许这两种表达方式。比如动词 break，小句"Janet broke Bill's finger"合乎语法，而"Janet broke Bill on the finger"则不可接受。因为动词 break 的内在语义特征与动词 touch、hit 不完全相同，它不包括［接触］特征。除此之外，情景特征也是重要因素之一。要出现句（184）—（187）中所体现的不同识解方式，必须要有特定的情景特征。该情景中，事件必须包括两个有生命的人之间的身体接触，如果被接触的对象是无生命的事体，通常不能产生两种识解方式。比如"Terry touched the bottle on the neck"就让人感到不自然。

二、勾勒与及物性

每一个语言表达式都将特定的概念内容作为其意义的基础，这个概念内容被称为概念基体（conceptual base）。狭义上讲，这个概念内容相当于直接辖域，是"舞台"上的部分，而将注意力放在该区域内的某部分上就是勾勒（profile），也就是在一般注意区域内的具体注意焦点的所指，也是一种突显方式。比如 January、February、March 等都拥有相同的概念基础，即 12 个月在时间域循环构成一年的概念，但在该一般注意区域内，每个表达式体现出不同的具体注意焦点所指，即勾勒不同的部分。因此，我们可以说勾勒就是一个表达式的指称对象。如句（184）和（185）、句（186）和（187）的概念内容分别相同，但在概念内容中勾勒的具体部分不同，所以意义有差异。语言表达式既可以勾勒一个事体，也可以勾勒一种关系。本书所探讨的及物小句勾勒的则是事件中参与者之间的关系。

根据我们前文所述的典型事件模型，它是一个涉及多个参与者的能量传递认知模型，为典型 NP+VP+NP 小句提供概念语义基体。典型及物小句勾勒的是行动链中的能量源和能量尾之间的关系，体现典型及物性，是更为常规的勾勒方式。但在特定情景下，由于交际需求等，同一情景下也可能勾勒的是其他参与者之间的关系，当然此时及物性便产生偏离。我们不妨设想一个有行动链的情景：乔治用榔头把玻璃窗打破了。动词勾勒的关系不同，编码的小句形式也不同，可能会生成如下小句：

(188) George broke the window with the hammer.

(189) The hammer broke the window.

(190) The window broke.

以上三个小句对同一概念基体勾勒的关系不同，用下图中的a、b、c表示：

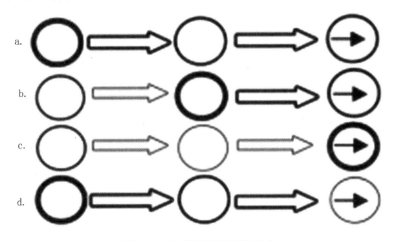

图4-3 勾勒的不同识解方式

句（188）对应的是图 a，是典型及物小句，体现最高及物性，整个小句勾勒的是施事和受事之间的关系，主语是施事，直接宾语是受事。句（189）勾勒的部分则不同，它只是在相同的概念基体中勾勒了工具和受事之间的关系，工具充当主语。根据上一章的分析，句（188）和句（189）两小句虽然描写的都是有两个参与者的不对等的能量交互事件，但体现的及物性存在微观差异，这一差异正是由于勾勒不同造成的。句（190）只勾勒了受事的变化，将受事作为主语，将两个参与者事件勾勒为只有一个参与者的事件，显然，这是把一个典型及物事件识解为一个不及物事件，导致了及物性的显著降低。正是由于勾勒的方式不同，行动链中的不同部分得到突显，导致小句及物性发生变化。可见，及物性不是静态的，比如一个有行动链的事件中究竟哪个是主语，是否有及物性，并不能完全从事件的内在特征来预测，因为勾勒的部分不同会造成及物性的偏离。

之所以会产生不同的勾勒方式，离不开交际语境的要求，需要突显的事体不同，同时也需要与具体动词的语义特征相匹配。比如，动词 smash 的语义特征与图 c 中的勾勒方式不匹配，编码小句"The window smashed"便不符合语法。而有些动词的语义特征可能匹配更多的勾勒方式，比如乔治用榔头打窗户，窗户被打破了，我们可以有图 a、b、c 所对应的小句，除此之外，由于动词 hit 的语义数量特征为［+接触］、［-变化］，如图 d 所示的第四种勾勒方式也可能出现。

与图 d 对应的编码小句为"George hit the hammer against the window"，该小句只勾勒出施事和工具之间的关系，而事体 window 跟在介词后表示动作发出后最终接触的地方，是环境成分。显然，该句及物性与前几句也不相同。从图 d 可以看出该句也形成了能量传递行动链，因此及物性也较高，与图 a、b 对应的小句的及物性高低没有显性差异。

总之，勾勒就像是概念主体拿一个放大镜，将某一个辖域内的内容作为基体或背景，然后在限定条件下，主观性地放大其中某一部分，使其得到突显，最终造成编码小句的及物性发生变化。

三、射体-界标与及物性

事体之间的关系由动词勾勒，在勾勒的关系中，最突显的参与者是射体（trajector），是需要描写、评价等的事体，是所勾勒的关系中的主要焦点，其他的参与者则是次要焦点，被称为界标（landmark）。一个表达式勾勒的关系可能相同，但对这一关系中的射体和界标的安排却可能不同，这种情况也会造成表达式及物性的不同。在能量传递事件中，一旦参与者之间的关系被勾勒出，那么能量源是主语，是射体，能量尾是直接宾语，是界标。但是，从前一章中的大量语言事实可知，不仅施事可以充当能量源，其他的事体如刺激物也可能充当能量源，因此，同一勾勒关系中射体和界标的安排可能不同，造成编码小句不同，体现不同的及物性。例如：

    （191）John frightened Bill.

    （192）Bill feared John.

    （193）She likes classical music.

    （194）Classical music pleases her.

                  （Garcia-Miguel，2007：765）

句（191）和（192）描写的是相同情景，两句的动词虽然不同，但勾勒的关系相同，是相同参与者之间的不对称关系，小句及物性的概念内容相同，而两句及物性的差异主要存在于对这一关系中射体和界标的选择不同。一旦由动词勾勒的关系确定，通常射体是能量源，界标是能量尾。但在现实世界中，并不是只有施事才能够充当能量源，根据兰盖克提出的能量源层级，施事>体验者>其他。那么，句（191）是较为常规的安排方式，将施事John突显为射体，受事Bill突显为界标，而句（192）则将体验者Bill视为射体，John则被识解为界标。与之类似，句（193）和（194）也是对相同能量交互事件的不同识解，两句勾勒的关系相同。句（193）是更常规的识解，将有生命的人——体验者 she 安排为勾勒关系中的射体，无生命的刺激物 classical music 视为这一关系中的界标。句（194）中射体和界标的安排恰好相反，射体为刺激物 classical music，界标为体验者 she。这一主观识解安排的动因可能是受到交际语境的调控，可能要回答问题"Why is she so happy"，这就要求说话者将主要焦点放在刺激物 classical music 上，作为将要描写的事体。

以上两个情景编码的不同小句，由于射体和界标的选择不同，两个参与者的突显程度不同，造成两个小句之间的及物性不同。句（191）中的射体是施事 John，界标是受事 Bill。两个参与者之间存在较为典型的能量传递，该句体现出较高及物性。而句（192）则把体验者 Bill 突显为射体，突显体验者的心理变化，但该句缺失了核心及物性语义特征，如［致使义］、［宾语变化］等，而且 Bill 并没有将"害怕"的心理能量传递给 John，因此两者之间没有能量的传递，小句的及物性较低，其被动语态形式通常不能被接受。由于射体和界标选择的不同，小句的主语和直接宾语不同，导致了小句体现的及物性表现出明显的偏离。句（191）是对这一能量交互事件较为常规的识解，及物性较高；句（192）的及物性较低，偏离典型也就更远。句（193）和（194）由于射体和界标的安排不同，造成两句及物性不相同。前一句的受事 classical music 缺乏［受影响］和［变化］的语义特征，但整个小句仍然有"喜欢"这一心理能的传递，因此及物性较高；后一句的施事缺乏生命性、意志性，但整个事件过程也有能量的传递，主语 classical music 是带有能量的事体，它的能量传递给体验者 her，使之发生心理变化，所以，小句也体现较高及物性。因此，这两句所体现的及物性意义不同，但在高低层级上没有显著的差异。通过以上语料，我们可以把兰盖克的能量源层级进一步补充为：施事>体验者>刺激物>其他。

在特定情景下，我们可以根据交际目标或是话题的需要，选择并突显不同的事体，将其作为能量源，从而编码为及物性不同的小句。与前面的情况相同，这一不同方式的识解也要与动词的语义特征相匹配，比如句（191）和（192）中的动词，概念内容基本相同，但一个含有［致使义］，需要施事或刺激物作为射体，另一个则无［致使义］，需要体验者作为射体。

综合以上分析可知，突显这一识解维度实质上就是一种主观选择，就我们所关心的能量交互事件而言，说话者在情景特征、交际目标和语言知识的多种因素的共同作用下，选择突显不同的行动链，勾勒不同的参与者关系，再选择突显不同的射体和界标，因而产生及物性不同的小句。如图所示：

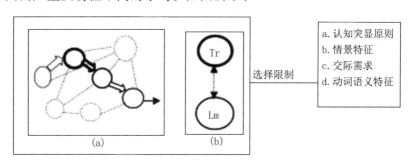

图 4-4 突显的识解方式与限制条件

图（a）表示情景中可能存在大量的事体以及它们之间所形成的行动链，说话者选择其中的部分事体（用实线圆表示），将其突显为行动链中的参与者，然后再勾勒行动链中的某个部分（用粗体表示）。图（b）表示在勾勒出的关系中，选择最为突显的事体作为射体，第二突显的为界标。说话者的选择也不是任意的，要受到一些条件限制，这些条件通常是一致的，但有时也可能相互冲突，在这种情况下，要让位于认知原则。如某些由动词 resemble 勾勒的小句的参与者之间的突显关系不受语境、交际需求而改变。

第四节 小句及物性与视角

　　视角是识解的维度之一，指对情景观察安排的方式。所谓对情景观察的安排，就是观察者（viewer）和被观察的情景之间的关系。其中的方式之一是视点（vantage point）。它主要涉及说话者和听话者观察某情景所处的空间位置。同一客观情景可以通过不同的视点进行观察，从而产生不同的识解，编码为不同的表达式。比如就同一个情景，我们可能因为观察空间位置的不同，编码为这两个不同的小句："The house is behind the tree" "The house is in front of the tree"。除了在空间位置上可能出现视角的不同之外，在时间范畴也会因为视角不同而产生识解差异。此处的时间指我们概念化的过程是动态的，这一心理加工过程需要一定时间，称为处理时间（processing time）。

　　处理时间有别于概念时间（perceived time），前者是概念化的媒介，而后者是概念化的对象，通常概念时间和处理时间是一致的，也就是说事件发展的时间顺序与我们对它进行概念化的顺序一致，但在特定情景下，我们还可以在心智中按照事件发展的相反顺序进行处理加工，从而编码为不同的语言表达式。比如"I got a job and had a baby" "I had a baby and got a job"，这两个小句描写的是相同情景，但识解处理的视角不同。我们更关注的是与视角有关的另外两个重要因素，即主观化与心理扫描。

通常说话者把动态的情景识解为动态性的，把静态的情景识解为静态的，运动通常存在于物质世界中，物体随着时间的推移从一个起点向一个终点移动，在不同的时间点上占据不同的位置，即客观运动（objective motion）。但静态的情景也可能因为识解视角的不同，被识解为具有不同动态性的情景。克罗夫特和克鲁斯（Croft & Cruse，2004：53）认为这是动态注意（dynamic attention）的识解方式，兰盖克则称之为心理扫描。比如对一个静止的状态可以编码成以下两个小句："The hill gently rises from the bank of the river""The hill gently falls to the bank of the river"，它们是对同一静止状态的不同识解，说话者在心智中对这一情景进行处理时，心理扫描的方向不同，因此表达的意义也不相同。前一句建立了一条从下往上的心理路径，而后一句则建立了从上往下的心理路径。山虽然是静止的，但心理扫描的方向不同，使得概念主体在心智中沿着不同的路径移动，产生了不同方向的主观运动。

概念化主体对于一个事物进行扫描来建立该事物的概念化，而该事物的物理位置保持不变（高航，2008：32），这就是主观运动（subjective motion），也就是塔米所说的虚构运动（fictive motion）。这说明情景的动态性会受到主观识解的影响，主观运动的产生依赖于一个重要的心理活动，即心理扫描。心理扫描是说话人为了描写事件而采用的一种构建情景的方式，包括序列扫描（sequential scanning）和概括扫描（summery scanning），序列扫描就是把一个过程看成是许多事件成分的一个序列；概括扫描就是把一个过程看成是一个完整的单位，其中所有事件成分被看成是一个整合的整体（文旭，2014：97）。在顺序扫描中，场景是随时间的展开而不断演化的，而在概括扫描中，场景中的成分状态不随时间改变。正如兰盖克（1987：248）所言，概括扫描就像是看一张静止的照片，而序列扫描就像是看电影。由于说话者对某一情景采取不同的扫描方式，可能造成编码小句表达不同及物性。比如：

(195) The teacher entered the classroom.

(196) The teacher's entrance into the classroom.

(197) She bit her son.

(198) Her beating of her son.

以上两组例句中各组的两个小句较为典型地反映了说话者的不同扫描方式。前一句采用序列扫描，编码为及物小句，小句及物性较低；而后一小句则采用概括扫描，编码为名词性短语，没有及物性。显而易见，扫描方式的不同可能导致小句及物性的差异。

兰盖克虽然提出序列扫描是动词的特征，概括扫描是名词的特征，但非完成动词所勾勒的不是一个动态的过程，而是静止的状态，因此非完成动词小句可视为一种概括扫描。如以下小句所示：

(199) She covered the hole with a picture.

(200) A picture covers a hole from top to the bottom.

以上两句也是对相同情景的不同识解。句（199）显然是说话者在心智中进行序列扫描，将该情景扫描为随时间发展而不断展开的不同阶段，关注各个时间点的不同变化。与之不同的是，句（200）关注的不是事件发展的不同阶段，而是一个整体，在对该事件进行概括扫描时，picture 每次遮盖 hole 的一部分都会在心智中留下一个意象，这些连续的意象不断地添加，直到最终共同形成一个格式塔，便编码为表示静止状态的小句。从动词的一般现在时可知，该句的动词是非完成动词，表示一种状态，即不随时间移动而变化。句（199）和句（200）识解扫描方式不同，选择的参与者不同，体现出的及物性自然不同。相比而言，句（199）具有更多的及物性语义特征，如施动性、完成性、动态性、致使性等，因此句（199）的及物性更高，句（200）的及物性偏离典型更远。

英语中存在一些具有完成动词和非完成动词的特征的动词，使得序列扫描和概括扫描这两种不同的扫描方式能够通过语言表达出来。即使都是静止的情景，扫描方式的差异也会造成编码小句及物性的不同，例如：

（201）The yard encloses the swimming pool.

（202）The yard contains the swimming pool.

（203）The swimming pool is contained by the yard.

（204）The swimming pool is enclosed by the yard.

（Rice，1987：171）

句（201）和（202）都是对同一个静态情景的描写，但两句的句法表现形式不同，前一句有被动形式而后一句则没有。两句所体现的及物性不相同，造成这一差异的就是说话者心理扫描方式的不同。两句所描写的都是一种静止状态，属于概括扫描。但句（201）中的动词 enclose 体现了更强的动态性，即主观运动，本来静止的情景在心智中产生主观运动，概念化主体沿着一个心理路径移动，庭院随着时间的推移，不断地越来越多地包围着游泳池，在一定的时间范围内完成了该动作。每一个阶段的不同成分不断相加，最后共同构成一个整体。这就是兰盖克所说的概括扫描的连续路径，概念主体沿着庭院延伸的连续路径在心智中建构这一布局。句（202）虽然也是通过概括扫描，但其动态性不如前一句，主观运动性弱，体现在没有明显的路径和完成性。可见，概括扫描可能体现出不同程度的主观动态性，对及物性产生影响。在该例中，认知主体如果采取主观动态性更强的概括扫描，便使用主观动态性较高的动词 enclose，编码为及物性较高的小句。

　　序列扫描也可能涉及对构成一个事件的多个动作的扫描，比如，对于 2017 年 10 月 1 日发生在美国拉斯维加斯的枪击事件，CNN 在两篇不同的报道中有这两个句子：① "The man opened fire toward the crowd"，② "The gunman fired from a hotel toward a crowd of about 22 000 people"。句①为序列扫描，报道者把"开枪杀人"识解为动态事件，逐次扫描每一次开枪动作，多次开枪动作扫描的结果形成一个序列，构成整个开枪杀人事件。相反，句②是概括扫描，报道者将开枪杀人总体性地扫描为一个事件，并不聚焦每次开枪动作，事件的动态性更低。这两种不同的心理扫描方式，最终将同一情景事件编码为体现不同及物性的小句。句①为及物小句，句②为不及物小句，及物性高低差异显而易见。

第五节　及物性识解的受制因素

　　识解维度到底以哪种方式作用于认知主体的识解加工，会受到一些因素的制约，比较突出的因素有：事件特征、认知原则和语用因素。

一、事件特征

事件特征指事件蕴含的内在语义特征，即由动词的语义所决定的参与者语义角色。也就是说，事件参与者的语义角色不仅取决于其内在语义特征，还与动词的语义有关，比如 "George broke the glass" 和 "George hit the glass" 就蕴含了不一样的参与者语义角色。前一句表示乔治 "打破了" 玻璃杯，玻璃杯只作为受事。后一句表示乔治 "击打了" 玻璃杯，参与者 glass 蕴含 "处所" 角色潜能（即打在了玻璃杯上），比如可以说 "George hit on the glass" "George hit the ball against the glass" 等。

事件特征可能影响认知主体对识解维度的选择，要么增加识解方式，要么限制某种识解方式的选择。增加识解方式指有的事件蕴含多种识解潜能，事件的这种识解潜能使语言使用者可以从多种识解方式中选择其中一种识解，如图 4-3 中 a、b、c 所示，"乔治打破了玻璃杯" 事件具有三种勾勒潜能：施事—受事关系、受事—工具关系和仅有受事，分别对应小句（188）、（189）、（190）。这三种勾勒潜能与动词语义有密切关系，如果将动词换为 hit（击打），则会有第四种勾勒，即图 4-3 中的 d："George hit the hammer against the glass"。将动词换为 hit 以后，小句勾勒的是施事与 "工具" 之间的关系。这种勾勒出现的原因，是由于动词 hit 赋予了事件参与者 hammer "受事" 潜能和参与者 glass "处所" 潜能，由此编码为 "施事—受事—处所" 结构的小句。

另外，有些事件特征可能会限制某种识解方式的选择。比如 "某施事将某受事手指打破" 是一个语义上及物性较高的事件，语言使用者通常作常规识解，编码为典型及物小句 "Carla broke Bill's finger"。但由于该事件不包含参与者 Janet 和 Bill 之间相互接触的语义特征,语言使用者对最大辖域的选择受到限制,不能说"Janet broke Bill on the finger"。对直接辖域的选择也可能受到限制,比如我们不能说"He looked her eye",只能说"He looked her in the eye"。因为动词 look 的语义特征决定了"盯着某人看"这个事件只能编码为以最大辖域而非直接辖域为受事的小句。

二、认知原则

认知原则对识解维度的运作方式也有影响,主要体现为对识解维度选择的制约。以图形-背景的选择为例,根据"普雷格郎茨原则",具有完形特征的物体(不可分割的整体)、小的物体、容易移动或运动的物体常被选择为图形。如前文句(178),light 是移动的事体,因而更容易常规性地被聚焦为图形。在没有特殊原因的情况下,识解时选择光线作为图形,是一般认知原则的要求。对于高及物事件,究竟哪个参与者应被突显为能量源,也有认知原则可循。兰盖克提出能量源层级原则,即施事的能量源潜势大于体验者能量源,体验者能量源潜势又大于其他类型的参与者。换句话说,施事最有可能作为及物事件中的能量源,其次是体验者。

认知原则在识解中的作用普遍存在于动作、状态、关系等事件类型中。在"他与父亲长得像"这一关系事件中,父亲不可能被突显为图形,不能编码为"His father resembles him",因为这样就违背了认知排列原则。根据认知排列原则,图形不具有已知的空间或时间特征可确定,背景具有已知的空间或时间特征可作为参照点用来描写、确定图形的未知特征。在该事件中,通常父母亲的长相、身高特征先于儿女的长相、身高特征而存在，因此孩子不能为他的父亲提供参照点。父亲具有已知特征，可作为参照点来确定儿子的未知特征，因此父亲只能突显为背景。

三、语用因素

语用因素即语言使用中的交际因素，包括交际意图、交际语境等因素，语言的认知研究有必要关注交际双方的互动和语言的社会性。语用因素也对识解的运作具有重要影响。例如前文句（194）的认知主体采取了非常规的识解方式，将无生命的刺激物突显为勾勒关系中的射体，这种选择主要是语用的需求。假设在某种特定的交际情景中，认知主体需要回答"Why is she so happy"，交际话语的关联性原则要求说话者将最主要焦点聚集于无生命的刺激物 classical music，而不是有生命的体验者 she，交际中的关联性原则影响了对突显对象的选择，编码为及物性意义不同的小句。

如果事件的参与者是客观上对称的事体，语用因素也会影响识解维度的选择，编码为及物性不同的小句。比如"一个事体连接另一个事体"这一低及物事件，两个事体的突显程度在客观上是相同的，但出于特定交际的需要，认知主体可能将其中一个事体突显为图形，另一个则为背景。假如要回答 A 跟什么相连，就会将 A 突显为图形，编码为小句"A connects B"。相反，假如要回答 B 跟什么相连，就要选择 B 为图形，编码为小句"B connects A"。可见，交际语境会制约认知主体在相同事件中对突显对象的选择，所选择突显对象的不同，就会编码为不同的小句，体现不同的及物性意义。

本章基于兰盖克的识解维度，主要从详细程度、突显、视角三个方面详细探讨不同识解方式引起相同情景下的不同小句及物性的偏离。

详细程度指对情景识解的精确程度。一方面，由于识解详细程度的不同，导致编码时要么用类指的词，要么用表具体实例的词，名词和动词都有体现。这种类和实例的差异所引起的小句及物性差异主要表现在及物事件参与者的语义角色等，在及物性高低上，由于并没有改变其他核心及物性语义因子，差异并不明显。另一方面，说话者为了更加精确，可能增加更多信息，编码为完全不同的小句，如不及物小句和同源宾语小句，造成了小句及物性的显著差异。详细程度高低究竟如何确定，还需要依赖交际语境和目的等。

第二个重要的识解维度为突显。在该维度下，我们从聚焦和勾勒两大方面进行论述。聚焦又被进一步细分为图形-背景和辖域。哪些事体得到突显并不完全由其内在特征决定，而是与概念主体的突显方式紧密相关。当事体内在特征的突显度与认知主体的主观认知突显一致时，就是较为常规的识解，不一致时则是非常规识解。比如将事件参与者突显为图形，是常规识解，小句及物性较高；而将环境成分突显为图形，则是非常规识解，及物性偏离典型。说话者的主观突显最明显的体现是客观上对称的事体表现出主观上的不对称，如含有动词 resemble、connect 的小句，两个参与者之间存在主观上的不对等，图形-背景的不同排列造成小句及物性意义的不同。认知主体对同一情景产生不同方式的聚焦，与诸多因素有关，包括人的基本认知能力、语境需求、情景特征等。聚焦的另一种方式辖域也会导致编码小句及物性的差异。但根据前述实例，这种差异只涉及整个能量传递事件中的一个参与者，因此，对小句及物性高低并没有明显影响。勾勒是突显的又一种方式，在相同的概念基体内，勾勒的部分是具体注意焦点所指。在复杂的能量交互事件中，由于概念主体勾勒部分的不同，生成及物性各异的不同小句，即使是典型及物事件，也可能因为只勾勒了行动链尾而编码为无及物性的小句。即便是勾勒了相同部分，射体和界标的选择安排不同，也会造成小句及物性偏离路径不同，小句的及物性高低不同。事实上，越是不典型的及物事件，能量源的选择性就越强，就越有可能出现不同的识解方式，编码为及物性不同的小句。可见，事件的内部特征也不能完全决定小句的及物性。及物性是动态的，是交际中在线加工的结果。

第三个重要的识解方式是视角维度下的心理扫描，主要分为序列扫描和概括扫描。通常情况下，序列扫描与典型及物事件中能量传递的行动链更接近，因此，同一情景下认知主体如果采取序列扫描，编码小句的及物性应高于概括扫描的小句。但如果同是采取概括扫描，有的可能动态性较强，有的则可能较弱，这种动态性是由扫描的主观运动导致的，因此，有主观运动的小句及物性高于无主观运动的小句。

综上所述，正是由于人的主观识解能力的存在，情景与编码的小句中的及物性不是镜像的关系。人的认知加工过程对及物性的意义和高低的偏离起着重要的调控作用，所以本是不及物的事件也可能编码为有一定及物性的小句，典型及物事件也可能编码为不含及物性的小句，这充分体现了及物性的动态性本质特征。

最后需要指出的是，识解也不是任意发生的，也要受到一些条件的限制，通过以上实例的分析，我们可以概括出主要的识解控制参数：认知突显原则、情景特征、交际需求、动词语义特征。这四个特征相辅相成，构成一个有机体。我们可以用下图来表示影响及物性偏离的识解机制：

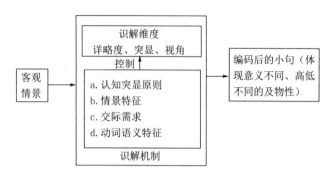

图 4-5   影响小句及物性的识解机制

从上图可知，说话者处于某客观情景之中，被观察的情景经过认知主体识解机制的运作，即在 a、b、c、d 四个要素的调控下，选择适当的识解方式，对情景进行语言编码，最终生成及物性不同的小句。显然，情景与编码小句之间没有直接联系，小句不是情景的镜像反映，必须经过人大脑中的识解认知活动。可见，及物性与识解是密不可分的，是动态变化的。这也同时说明及物性是多维性的，及物性概念不仅涉及语义、句法因素，而且还涉及认知和语用因素。

第五章 及物性与小句句法成分

第一节 去及物化

在本书第二章中我们已经明确指出，及物性的一个重要属性特征为多维性，即及物性不仅与动词及其论元有关，还与小句内部的其他特征相关，因为及物性不是动词的特征，而是由整个小句体现出来的，是由及物小句所描写事件的语义特征决定的。本章将从自下而上的角度，以小句内部的各成分为切入点，从句法层面回应及物性的多维性。

学界对于小句层面的及物性影响因素研究还存在不足。霍普和汤姆逊（1980）曾经列举出影响及物性的 10 项句法、语义特征，但他们将句法和语义特征混合起来，出现了前文所述的判断小句及物性高低时的操作性问题。更重要的不足在于这些特征给人一种任意堆积的感觉。我们难免会提出这样的疑问，为什么是这些特征，而不是那些特征？这些特征之间存在何种内在联系？另外，以往的研究也没有具体地论述这些特征究竟是如何影响小句及物性的。

我们认为及物性的概念基础是典型及物事件模型，即弹子球模型和舞台模型的组合。从概念模型出发，我们可以分别列举出典型及物性的语义特征和句法特征，而且语义特征决定句法特征，句法特征只是语义特征的外在表现形式。这些语义特征都指向单向性的、不对称的能量交互及物事件，也就是说所有的参数特征不是任意堆积的，而是基于典型及物事件而相互联系在一起的，是相互统一的。因此，及物小句中除了谓语动词和名词外，其他因素如时态标记、情态标记、否定形式等，都可能引起整个小句及物性偏离典型。

本书第三章中详细论述了小句及物性从典型向外偏离的路径和方式，其中包括较小幅度的偏离和较大幅度的偏离，本章主要通过探讨小句及物性高低的大幅度偏离，即去及物化，揭示小句层面各句法成分在语义上如何影响及物性偏离。为了论证以上观点，本章将重点关注较大程度的及物性偏离，即小句的去及物化问题，探讨哪些成分会引起小句去及物化，并具体描写影响的方式及其理据。

去及物化（detransitivize）现象在现有语言学著述中的论述还不多见，这一术语在一些语言学词典中也未见收录。不过，去及物化在很多语言中都确实存在。一般而言，去及物化通常是指及物动词变成不及物动词的过程，或指强及物动词变成弱及物动词的过程（刘晓林、曾成明，2011）。Givón（2001b：95-173）从功能类型学角度对去及物化作了较为详细的探讨，认为动词的去及物化有七种方式：反身化（reflexive）、相互代词化（reciprocal）、中动态（middle voice）、形容词结果补语手段（adjectival-resultative）、被动化（passive）、逆被动（antipassive）、倒装化（inverse）。从这里可以看出，去及物化的研究大都是以动词的及物性这一主张为出发点的，而且主要涉及不同的小句结构，如被动结构。

及物性是小句的属性特征，因此这里所指的去及物化也不是动词层面的，而是小句层面的，是指小句及物性的大幅度降低，具体包括从有及物性到无及物性或是从高及物性降至低及物性的过程。例如有些小句本来体现出较高及物性，但因为植入或删除了小句中的某个成分，导致小句的及物性显著降低，甚至造成及物小句不合法。这一现象表明，该成分在语义上对小句及物性的降低产生了重要影响，我们可以说起到了去及物化的作用。通过讨论去及物化，我们可以看到小句层面的各成分是如何影响小句及物性高低偏离的。需要特别说明的是，此处的去及物化并不包括小句及物性较低程度的降低。例如 "The author enjoyed the book" "The student enjoyed the book"，后一句通过替换主语名词短语，使其缺失了及物性语义特征［致使性］，因为前句中的宾语 "book" 的转喻目标为 writing the book，而后一句则需理解为 reading the book（吴淑琼，2011：79）。后一句的及物性虽然降低，但只是较低程度的降低，因此不作为本章重点探讨的范围。我们不妨再比较这两个小句① "Margaret cut the bread"，② "Margaret cut at the bread"。句②中的谓语由于植入了介词，将两个参与者事件转变为只有一个参与者的事件，且消除了行为的完成性，使得小句及物性大幅度降低，可视为去及物化的具体实例，下面将对类似现象作详细分析。

我们将小句成分基于兰盖克（2004b）认知语法的思想划分为核心成分和非核心成分，其中核心成分包括表示两个参与者的名词短语和勾勒整个事件类型的谓语，即从语法角度来看是必不可少的成分（obligatory elements）；非核心成分包括小句中的修饰语、附加成分等，是选择性成分（optional elements）。

第二节 小句核心成分与去及物化

一、谓语

小句的核心成分是小句成立必不可少的部分，当然也是影响小句及物性的最重要因素。我们将小句核心成分进一步细化为谓语、主语和直接宾语。谓语包括核心动词及其后的介词，以及时态和情态入场标记等；主语和直接宾语则包括核心名词和入场标记。核心成分决定及物小句所描写的事件类型和参与者特征，因此是居于首要地位的影响因素。

一方面，谓语（predicate）是及物小句最为核心、必不可少的成分，其中最重要的成分是核心动词。由于动词的语义特征不同，勾勒的事件类型不同，所以小句表达的及物性偏离典型的程度和方式不同。比如由动词 resemble、interact 等勾勒的无能量传递、无客观不对称性事件，比动词 kill、damage 等勾勒的能量传递事件的及物性低得多。如果一个小句由前一类动词作为谓语动词，那么小句及物性自然明显降低。本章中，我们所关注的重点并不是由谓语动词语义差异而引起的去及物化现象，这一现象已在第三章中作过详细论述，我们关注的是相同的谓语动词在其后植入介词，对小句及物性大幅度降低的影响及其原因。

另一方面，小句需要入场才能被理解，在语法上才能够合法。术语"场"在认知语法中包括"言语事件"（speech event）、参与者——说话人和听话人，他们之间的言语交互以及当时的时间、地点等环境。"场"的功能就是提供一个参照点，为具体所指事体建立心理通道（Langacker，2008：259）。入场主要包括名词性入场和小句入场。通过名词入场，说话人可以把听话人的注意力引向要指明的事体上，从及物性语义要素来看，行动链的两个参与者有明确的所指。通过小句入场，说话人将小句勾勒的关系置于现实情景中。小句入场主要是通过谓语动词的时态和情态标记而得以实现的，所以这些入场成分可能导致小句的去及物化。

（一）动词后的介词植入

当介词植入及物小句中的动词后，可能降低小句及物性，是去及物化的一种重要手段。根据认知语法的理论观点，介词勾勒的是一种关系。介词与形容词、副词不同，它们只有一个中心参与者——射体，而介词有两个中心参与者——射体和界标，界标是事体，而射体则存在两种可能性，要么是事体，要么是关系。比如"The book is on the desk""They got married in last summer""The river borders on the town"。第一句中介词勾勒的射体是事体 the book。后两句中介词的射体是一种关系。第二句中的 they got married 是一个动态的关系，第三句中的 the river borders 是静态的组构关系。前一句中介词的主要功能是描写事体的空间位置，后两句中则是在时间或空间定位一种静态或动态关系。此处我们重点讨论介词的射体是"关系"的情况。介词的语义功能可以表示为：在时间和空间上定位某种行为，也可以描写运动行为、事件的目标、路径等。如果在及物小句中的动词后介入表示第二种语义功能的介词，可能导致小句及物性的降低。请看以下小句：

(205) Margaret cut the bread.

(206) Margaret cut at the bread.

(207) Carla hit the door.

(208) Carla hit at the door.

(Levin, 1993：6)

(209) He swam the Channel.

(210) He swam across the Channel.

(211) He regularly flies the Atlantic.

(212) He regularly flies across the Atlantic.

(Taylor, 2001：211)

句（205）描写的是有能量传递的物质域事件，主语 Margaret 充当施事、能量源，而宾语 bread 则是动作"切"的直接对象，是受事、能量尾。句（206）由于介词 at 的植入，改变了该句所描写情景的特征，将其由两个参与者事件转变为只有一个参与者的事件。这样，名词 bread 在介词后不再表示事件的主要参与者，而是表示"切"这一动作指向的目标，是表示路径方向的环境成分，这一改变同时也意味着该行为并不是完成性的，该小句的意义可以理解为"Margaret tried to cut the bread"。因此，句（206）中由于只有一个参与者，导致能量传递行动链无法形成，因此小句几乎没有及物性，介词的植入直接引起了小句去及物化。同理，句（207）也是具有较高及物性的非典型及物小句，句（208）中介词 at 的植入导致小句去及物化。具体来看，介词 at 具有目标导向的语义特征，一旦将其植入及物小句的动词后，便会使主语发出的"打"的动作从已完成变为一种可能性。同时，将直接宾语 door 在语义上转变为最终接触的地点，变成了非参与者，生成如句（208）这样的几乎没有及物性的小句，极大地降低了小句及物性。

我们可以将以上语言事实作如下归纳：及物性较高的及物小句在动词后植入表目标性的介词后，便将小句所表达的具有［完成性］的事件类型在语义上转变为一种完成可能，与此同时，改变了勾勒事件的参与者数量，变为不及物事件，使小句的及物性从高及物性降低为无及物性，导致小句去及物化。

在语义上表示路径的介词如 across 也通过类似的方式达到去及物化的功能。句（209）中的名词 channel 是直接宾语，是"游泳"这个动作的对象，而句（210）中通过植入表示移动路径的介词 across，将 channel 的直接宾语地位改变为主语不断移动的路径。因此，该事件在语义上只有一个参与者，无法构成能量传递的行动链，小句及物性降低为极低及物性。句（211）和句（212）的情况与之完全相同。除了以上所举介词之外，其他表示路径的介词如 up 等，也可能通过相同的方式导致小句去及物化。

通过对以上例句的分析，我们发现介词的植入会显著地降低小句的及物性，实现的方式略有不同，第一种途径是在语义上将能量传递行动链由已经完成变为一种发生潜势，第二种途径是将事件中的一个参与者变为整个事件的环境成分。小句的动词后植入介词还可能使得及物小句不合法，这是一种更大程度上的小句去及物化，例如：

(213) Jean moved the table.

(214) *Jean moved at the table.

句（213）是及物性较高的小句，当动词 move 后添加表目标义的介词 at 后，成为小句（214），但该句不符合语法。由于介词

at 的植入使得小句及物性降低，成为不合法及物小句，是更大程度的去及物化。这一过程的实现方式为：在介词 at 所勾勒的关系中，射体 Jean moved 表示一种关系，是一种移动的动态过程，该过程隐含了移动行为的完成以及与移动对象的接触，而介词 at 表示目标导向，要求其勾勒关系中的射体表示一种未完成动作，未与动作对象接触的动态过程。那么，在此例中，介词 at 自身所要求的射体特征与作为射体的移动关系过程的语义特征不匹配，产生语义冲突，直接导致句（214）不合法。这种类型的介词植入，主要是通过介词前的谓语勾勒关系的语义特征，与介词自身所要求射体的语义特征产生语义冲突，而阻碍及物小句的生成，最终导致小句去及物化。

实际上，小句的谓语动词后植入介词对于小句及物性的影响是双向性的，不仅有上文所述的去及物化作用，同时也可能有及物化（transitivize）作用，比如以下小句：

（215） ＊She looked the picture.

（216） She looked at the picture.

（217） ＊John listened the music.

（218） John listened to the music.

例（215）包含感官动词 look，小句不允许出现直接宾语，因此该及物小句不合语法。但句（216）中，由于在动词 look 后添加了语义上表目标导向和接触的介词 at，这一操作，反而增加了小句的及物性，表现为小句在句法上允许直接宾语的出现，由另一个名词短语 the picture 充当。在该小句中，the picture 更像是事件的参与者之一，而非表示空间位置的环境成分，这一点可以通过该句有无被动形式进行验证。句（216）的被动形式 "The picture was looked at by her" 可以接受，表明该小句不仅有及物性而且及物性较高。

那么，介词的植入是如何使得小句及物性增加的呢？其实现的主要原因是介词的植入在语义上促使了能量传递行动链的形成。具体来看，动词 look 的语义特征较为中性，只包含将视线集中，意志性地发出心理能量，但不包含动作的方式、接触和路径等。也就是说施事虽意志性地发出"看"的动作，但没有包含动作的路径，那么动词后就不能添加"看"的对象。句（215）因为缺省了［路径］语义而不能构成能量交互事件，因此，动词后不能直接跟宾语充当受事。但如果将介词 at 植入小句，则给整个事件类型的语义添加了指向终极目标的［路径］和［接触］特征，再与动词 look 的语义组合，构成复杂动词 look at，这个复杂动词包含了动词 look 和介词 at 的语义，能够勾勒能量传递事件，使小句表达的事件内部形成行动链，从而增加小句及物性。该小句描写的心理域事件为：感知主体发出心理能，隐喻性地传递给"看"的对象，与之发生心理接触，这样就导致小句的及物化。此处，如果将只含有［目标性］意义的介词如 to 植入动词后，不能促进行动链的生成，不能引起小句及物化，因为视觉感知与其他感知不同，它要求眼睛发出的视线不仅要转向某事体，还要与之"接触"，才能形成心理接触，促成能量传递，而介词 to 不包含［接触］的语义特征。

不过，不同的感知方式要求不同的介词植入，如听觉感知与视觉感知就存在差异。句（218）通过植入表目标的介词 to，可以达到小句及物化的作用。具体方式为：动词 listen 和介词 to 融合成复杂谓词 listen to，听觉感知只需要通过目标性的介词 to 指向被听事体，即可发生心理接触，形成心理域能量传递的行动链。由此，该复杂动词勾勒了一个由两个参与者构成的能量交互事件，从而增强了小句及物性。前文提道，传统上对及物性的二分观点难以解释句（216）和（218）有被动形式的现象。

通过以上分析可知，像 look at 和 listen to 之类的谓语动词属于复杂动词，可视为一个整体，补充了核心动词缺失的［目标性］、［方向性］或者［接触］等语义特征，从而能够共同勾勒有两个参与者的及物事件，使其更接近典型及物事件，使小句及物化。除此之外，还有其他介词也可起到及物化作用。赖斯（1987）发现，表接触和路径的介词 on、to 也有较强的及物化功能，但并非所有的介词或者相同的介词都有相同程度的及物化功能。赖斯（1987：144）把 V+Prep. +NP 结构分成三类，这三类构成一个连续体：VPC，VPP，V-PP，它们的及物性从左向右依次逐渐降低。也就是说，并非所有动词后植入的介词都能与核心动词组合成复杂动词而起到及物化的作用，不能组合成复杂动词的通常就起到了去及物化作用。

（二）时态标记

与名词性短语一样，及物小句勾勒的是入场的具体实例。对事体的认识，我们主要关心的是对事体的识别。而对事件而言，我们关心的则是它是否真实发生，是否具有潜在发生可能性等类似的存在问题，而非识别问题。在认知语法中，小句入场反映出认知主体不可能对发生的事件进行全方位的观察，只可能在某个地点或是某个时间进行观察。因此，需要通过入场成分表示对小句存在状态的主观认识。

小句的入场主要通过时态和情态来表明事件发生的真实性和可能性。时态通常被认为表示相对于说话时间而言在时间轴上的位置，而情态则是表示事件发生的可能性。如果没有情态标记，入场的过程就是真实的概念。"若时态入场标记为现在时则表示该过程是直接现实（immediate reality），与说话时间同时发生；若标记为过去时则表示该过程为非直接现实（non-immediate reality），是说话者的认知现实（conceived reality）的一部分。所谓认知现实指认知主体在主观上所接受的现实"（Langacker，2008：300）。"现在"和"过去"是时态入场标记中的一对典型概念。那么，典型的时态入场标记如何影响小句的及物性呢？根据典型及物事件模型的语义特征，能量传递事件是在一定的时间范围内完成的，是真实发生的事件，因此及物性的部分语义特征与时间概念有关，比如［完成性］、［瞬时性］。那么，如果及物小句中存在与该语义特征不匹配的时态标记，便可能造成小句的去及物化。如以下例句所示：

（219）He learned the poem.

（220）＊He learns the poem.

（221）He kicked the ball.

（222）＊He kicks the ball.

以上两组例句中，前一句和后一句几乎所有成分都相同，唯一不同的是小句的时态入场成分。句（219）用过去时标记入场，表明事件发生在说话时间之前。具体来说，位于直接辖域内的勾勒过程在说话时间之前已经发生，是说话者的认知现实。该句中的动词 learn 为完成动词，勾勒的是在一定时间内非瞬间的完成事件，该勾勒事件至少包括开始、中间、结束三个阶段，并且每个阶段随时间推进不断动态变化，因此，句（219）是及物性较高的非典型及物小句。再看句（220），在没有特殊意义的情况下（如在戏剧表演中等，表示历史的现在），如果将谓语动词的时态入场成分变更为一般现在时，则使小句完全丧失及物性，只能构成一个不合法的及物小句。这种去及物化的发生，主要原因在于谓语动词所勾勒事件的语义特征与一般现在时的意义不匹配。

那么，为什么完成性事件通常不能与一般现在时入场标记匹配呢？主要原因是完成性事件有一定的过程和阶段，如果使用过去时入场，表示勾勒的事件在说话时间前的时间段内存在，而过去的时间区域可能无限地延伸，包括整个事件的所有阶段，所以完成性事件可以用过去时入场，如句（219）。相反，一般现在时表示勾勒事件与说话时间同时发生，说话的瞬间是短暂的。在这么短的时间内，不可能包括完成性事件的所有阶段（至少三个阶段）。所以，动词 learn 勾勒事件的［完成性］、［持续性］语义特征，与一般现在时入场标记的功能相冲突，使得勾勒事件无法在极短时间内完整地展开，造成及物小句（220）一般不能生成。这种语义上的冲突也完全符合句（221）和（222）之间的关系。该组小句中的核心动词 kick 也属于完成性动词，它所勾勒事件的时间性特征为［完成性］，虽然该动词包含［瞬间性］特征，但该动作的完成至少包括开始、发展、结束三个阶段，也不能与一般现在时标记功能相匹配，因此，句（222）也被去及物化。

从以上分析可见，如果时态入场标记功能与小句核心动词勾勒事件的时间性特征不匹配，不能使及物小句所勾勒的及物事件完整地入场，那么就会使及物小句去及物化。

（三）情态标记

除了时态之外，另一个重要的小句入场手段为情态。两者在语义上的差别在于，时态表示小句勾勒事件的真实发生（将来时除外），而情态则表示事件发生的一种可能性。具体而言，情态标记的功能是将勾勒的事件置于说话者认知现实之外的区域，兰盖克称之为非现实（irreality），因此事件具有［-真实性］的特征。根据我们前文中的归纳，及物性语义特征之一为［真实性］，霍普和汤普逊（1980）也指出，真实性是影响及物性高低的因素之一，那么我们可以推论，通过情态标记入场的及物小句，如果事件的真实性被改变为非真实性，那么小句的及物性随之被消除。但情态标记方式很多，在意义和功能上也存在细微差异，因此，在降低小句及物性的程度上不完全相同。另外，小句的否定形式在功能上也消除了事件发生的真实性，但具体方式为事件的行动链被切断（后面将详细论述），情态标记与之不同的是它并不是切断行动链，而只是将真实行动链改变为潜在行动链，是一种独特的降低及物性的方式，将真实及物性变为潜在及物性。事件发生的潜在性、可能性应该是有程度之分的，而不是一分为二的。

在认知语法中，情态标记包括两种基本意义：基本情态和认知情态。基本情态（root model）包括责任、允许、意图和能力的概念，而认知情态（epistemic model）则表示推测、评价的概念。两者对于勾勒事件可能发生的控制不同，前者是效果控制，即可能引发勾勒动作的发生；后者是认知控制，即说话者判断勾勒事件的可能性。例如：

（223）You may do your homework now.

（224）You must do your homework now.

（225）He may do his homework now.

句（223）表示许可，情态动词 may 会产生情态力量，对勾勒事件的真实发生产生影响。如果将情态动词替换为表达更为强烈的情态力，如句（224），那么该事件就一定会发生。如果替换为程度更弱的情态力，如 might，事件发生的可能性则更小，小句及物性就相应更低。而句（225）只是表示一种认识上的推测，不会对行为的真实发生产生影响。具体而言，句（225）中的情态标记词如果替换为推测确定性更高的 must 或是更低的 might，都只是一种主观上的认识而已，对小句描写事件 he does his work 的潜在发生可能性没有影响，该动作始终是潜在性的。这样看来，情态标记与小句及物性降低之间的关系没有那么简单、直接。从去及物化角度来看，认知情态标记，如句（225）中的 may，不会改变事件真实发生的可能性，也就是说事件始终是潜在的、非真实的，因此此处是最高程度地去及物化方式。而基本情态标记，如句（223）和（224）中的 may、must 会影响事件发生的可能性，并且有力量大小的层级区分，因此，情态力量最小的事件真实发生可能性低，潜在性更强，去及物化程度较高，比如句（223）。

通过以上分析可见，小句的情态入场因素通过将小句勾勒的事件变为潜在事件而起到去及物化作用，但基本情态在去及物化过程中有程度高低之分。

（四）体标记

在认知语法中，与时间有关的进行体概念不是入场元素，而是体现了对入场后的事件观察视角的不同。在语义上，进行体包括了 -ing 和 be 的意义。-ing 的意义表示将一个过程识解为整体，进行整体扫描，因此使得勾勒的关系变为非过程性的，具有名词的特征。而动词 be 的意义在于将它转变为过程性关系，只不过不是完成过程而是非完成过程，偏离典型及物事件的［完成性］语义特征。可见，这一观察视角的不同，可能降低小句及物性，甚至达到去及物化。例如：

（226）He is learning the poem.

句（226）用进行体 is learning 进行标记，表示对入场的事件采取不同的观察视角，即不是从事件外的某处对整个事件的发生过程进行观察，而更像是将观察点置于事件内部的某个位置，只关注事件发展的某个中间阶段，不包括开始和结束阶段，该阶段在短暂的时间间隔内可视为是静止的，造成的结果是把动态的完成过程非完成化。因此，句（226）的及物性低于用过去时标记的相似小句，如"He learned the poem"。不难理解，这种标记能够降低小句及物性，因为它将所描写事件转变为非完成性的，有悖于典型及物性的［完成性］、［动态性］特征，导致小句及物性降低。但该句所描写的某个阶段，虽然短暂，仍然有行动链的存在，所以仍具有较高及物性，其被动形式也可以接受，因此及物性只是小幅度降低。

当然，体标记也可能使小句去及物化，例如：

（227）He knows the book.

（228） * He is knowing the book.

句（227）中的谓语动词 know 属于非完成动词，因此整个小句描写的是一种静止状态，动词所勾勒过程的各个阶段是相同的，不随时间变化而变化。如果用进行体标记，进行体的功能是将完成过程非完成化，这显然与谓语动词自身的非完成性在语义上相互重叠了。按照语言发展规律，不会出现这种多余的重叠现象（Langacker，2004b：256）。因此，体标记的意义与小句及物事件的非完成性语义特征发生语义重叠，导致小句（228）不能成立，丧失及物性，使小句去及物化。

综合看来，体标记功能与小句及物事件的完成性特征不重叠时，可能较小程度地降低小句及物性；如果相互重叠，便会阻碍及物小句的形成，从而导致去及物化的发生。

二、主语和宾语

在第三章中我们已经提到，表示主语和宾语的名词，不是光杆名词，而是入场的名词短语。通过名词入场，说话人可以把听话人的注意力引向要指明的事体上。主语和宾语都是由核心名词和入场成分组合而成的名词性短语，我们将分别探讨核心名词和入场成分去及物化的作用及其成因。

（一）核心名词

认知语法认为，名词勾勒的是事体。在及物小句中，名词充当动词勾勒关系中的射体和界标，是小句的主语和宾语。由相同的动词勾勒的关系，由于不同名词的语义特征不同，可能显著地降低小句及物性，甚至限制及物小句的合法性，起到去及物化作用。用以下例句予以说明：

（229）Mary, who needed a rest, rushed to John.

（230）Mary, who needed a rest, rushed to the country-side.

（Rice, 1987: 103）

（231）He swam the Jialing River.

（232）＊He swam our new swimming pool.

（Taylor, 2001: 212）

句（229）和（230）从形式上看，结构几乎完全相同，但由于小句中动词后的名词短语不同，导致句（230）的及物性低于句（229），在形式上表现为句（230）的被动形式"The countryside was rushed to by Mary，who needed a rest"不能接受。在语义上，句（229）中的 John 是有生命的人，可能成为及物事件的一个参与者，而句（230）中的 the countryside 是无生命的地点，更像是表示地点的环境成分。那么，句（230）变为只有一个参与者的事件，没有行动链的形成，因此，小句没有体现出及物性。这一去及物化过程的实现，主要是由于小句的第二个名词短语的特征差异造成的。

具体而言，句（229）和（230）都包含表目标方向的介词 to，句（230）中的名词 John 是一个高度个体化的事体，可以成为介词 to 的准确定位目标，促成复杂动词 rush to 的合成，使小句描写的事件成为能量传递事件，John 作为能量的接受者，是一种非典型的受事。相反，句（230）中的名词短语 the countryside 表示大面积的区域，难以找到准确的目标对象，而更容易被视为环境成分，因此，该句所描写的事件中只有一个参与者，小句没有及物性。与句（229）相比，因为句（230）中的核心名词短语被替换，改变了事件类型的参与者数量，起去及物化作用。

句（232）与（231）相比，也因为替换了动词后的核心名词短语而导致去及物化，使得该小句不符合语法。句（232）中的 new swimming pool 不允许动词融合介词 across 的意义，不能成为小句的直接宾语，因为该名词相比 Jialing River 而言，区域面积小得多，水流平缓，动态性低，更容易被识解为表地点的环境成分，而不是游泳者发出"游泳"动作而要克服的直接对象。

如果作为小句直接宾语的名词短语的语义特征与谓语动词的时间性意义相互冲突，也会导致小句的去及物化。例如：

（233）I see the light.

(234) ＊I see the flash.

(235) I hear the sound.

(236) ＊I could hear the shot.

句（233）和（235）中的谓语动词是感官动词，既可以用作完成动词，也可以用作非完成动词。句（233）中动词的直接宾语 light 能够在时间和空间范围内持续一段时间，而且状态保持不变。因此，当我们描写当前的视觉时，可以将它视为在每一个很短的时间段上是稳定不变的。也就是说可以把谓语动词 see 用作非完成动词。但是如果将直接宾语替换为语义特征不同的名词短语，如 the flash，表示转瞬即逝的事体，可以说一开始就结束了，中间没有持续的阶段。在这种情况下，直接宾语的语义特征［瞬时性］与谓语动词的语义特征［非完成性］相互排斥，造成了句（234）的去及物化，小句不能接受。如果将动词 see 用作完成性动词，我们在 BNC 语料库中进行搜索后发现了合乎语法的小句，如"…I saw the flash and heard the bomb go off…"。因为该小句中动词的过去时态标记表明动作的完成性，可以与名词短语 the flash 的［瞬时性］语义特征相匹配。

以上例句说明，如果直接宾语的瞬时性或持续性特征与动词在时间轴上的有界性或无界性发生错配时，会导致及物小句的去及物化。

与之类似，句（235）中谓语动词 hear 被用作非完成动词，小句的直接宾语 sound 的持续性与之相匹配，而句（236）中的直接宾语被替换成具有［瞬时性］特征的名词 shot，与谓语动词的［非完成性］特征发生错配，意义相互对立。因此，小句的及物性被消除，导致句（236）不能被接受。

另一种去及物化方式是省略作为直接宾语的第二个名词短语。用以下例句予以说明：

(237) He ate a big dinner.

(238) He ate.

(239) I remember you.

(240) Oh, I remember now.

句 (237) 与 (238) 相比较，后一句显然省略了直接宾语，变为不及物小句，及物性显著降低，达到了去及物化的作用。但必须指出的是，句 (238) 并非典型的不及物小句，而是包含隐性的宾语。典型的不及物小句如 "He run"，在语义上就只包含一个参与者，但句 (238) 的听话人在理解时可以补充出隐含的直接宾语——"吃的东西"。可见，句 (238) 是有隐含宾语的非典型及物小句。这一去及物化操作之所以能够实现，是因为小句动词允许两种不同识解方式同时存在。句 (238) 的说话者在识解这个有两个参与者的 "吃" 的及物事件时，只聚焦到动作的发出者上，只选择了一个参与者——施事——作为突显的事体，强调了施事的动作性，而隐藏了动作作用的对象。与之类似，句 (240) 也是由于识解方式的不同，省略直接宾语——"记忆的内容"，导致去及物化发生。

(二) 反身代词和互指代词

英语反身代词由代词+self/selves 构成，与句中另一名词短语或前述词（通常是小句的主语）构成同指关系（co-referential relation）。反身代词如 himself/ herself 只可以与近位先行词（local antecedent）共指，不能与远位先行词（long-distance antecedent）共指（陈月红，2001：9）。反身代词主要有两种不同的用法，分别是非强调的（non-emphatic）和强调的（emphatic）。我们主要关注非强调的用法，通常在小句中充当动词的直接宾语。如果用非强调性的反身代词替换及物小句中的直接宾语，会导致去及物化，如以下例句所示：

(241) John killed Mary.

(242) John killed himself.

(243) John saw Mary in the mirror.

(244) John saw himself in the mirror.

句（241）是典型及物小句，及物性高，而句（242）在形式上与前句没有不同，唯一不同的是直接宾语 Mary 被替换成了反身代词 himself。但这一操作造成的结果是句（242）的及物性显著降低，该小句只有极低的及物性，其被动形式"Himself was killed by John"不可接受。反身代词之所以能够起到去及物化的作用，就是因为它在语义上与主语具有共指关系。反身代词 himself 与主语 John 同指一个人，那么能量的发出者和接受者是同一个人，这样就无法形成从一个事体向另一个事体传递能量的行动链。虽然句（242）在语义上也包括两个过程，即动作的发出和引起的结果，但因为反身代词与主语共指同一人，可以认为小句只有一个参与者，这样，及物性明显降低。与之类似，句（243）与句（244）相比，也因为直接宾语 Mary 被替换为反身代词而导致及物性显著降低，起到去及物化的作用。

英语互指代词，如 each other、one another，也是代词的一种类型，在小句结构中常用作动词或介词的宾语，也可以指代小句中已经出现的名词短语。互指代词与反身代词相似，也具有导致小句去及物化的作用，但具体方式又略有不同，如下例所示：

(245) They respect the President.

(246) They respect each other/ one another.

句（245）是心理域及物小句，心理能量隐喻性地从主语 they 传递给直接宾语 the President，该句及物性较强。而一旦直接宾语被替换成句（246）中的互指代词 each other/one another，小句及物性便明显降低，其被动形式不成立。在含有互指代词的小句中，如句（246），两个参与者既是施事也是受事，造成的结果是虽然小句包含了两个参与者，但两者所承担的角色相同，因此它们之间不存在不对称性；另外，小句中不止包括一个能量传递，而是两个能量传递过程，这两个语义因素与及物性语义特征不相符。因此，句（245）从高及物小句变为几乎没有及物性的低及物小句（246），导致去及物化的发生。

（三）名词入场成分

通过名词性入场，说话者将听话者的注意力引向需要表达的事体上。名词性入场通常是由指示代词和冠词完成的。刘辰诞（2008：81）对上述情况也有论述，他把这样的成分称为表达式结构的有界化（boundarized）手段，通过该手段，表达式结构所象征的行为或事件概念的结构就会被限定在一定的边界之内。及物小句当然是有界的表达式结构，同时也是入场的结构，如果缺省名词的入场成分，会导致及物小句的去及物化。比如以下例句：

(247) This girl likes that boy.

(248) * Girl like boy.

(249) The War movie died a death during the Gulf War. (BNC Web)

(250) * The War movie died death during the

Gulf War.

句（247）和（248）相比，后一句省略了名词的入场成分，即指示代词 this、that。这一省略操作使得句（248）完全失去及物性，成为不合法小句。如果省略名词短语的入场成分，那么，听话者就不能通过光杆名词 girl、boy 在空间范围内确定两个参与者类别的具体所指，没有具体所指的事体就无法建立能量传递的行动链。具体而言，根据典型及物事件模型，能量传递的行动链必须包括具体所指的、两个明确的参与事体。句（248）省略了指示代词，而此处的名词所勾勒的是包括大量具体实例的某一类，在如此大的范围内无法确定某个具体的女孩和男孩作为心理能量的发出者和接受者，就不能构成心理能量传递的行动链，由此，小句及物性被消除，导致及物小句不合法。

从以上的分析可知，合法的及物小句必须是入场的，小句中的两个参与者必须具有入场成分，缺省入场成分会消除小句的及物性。但也存在另一种情况，即替换为不合适的入场成分，也会造成小句的去及物化。

冠词与指示代词类似，也可以在某一类事体中指出具体的实例，具有使事体入场的功能。但不同的是，冠词不像 this、that 具有空间上的近、远的区分，只有定冠词和不定冠词的区别。定冠词表示只有一个可能的备选事体，而不定冠词则不含此义。句（249）是一种特殊的及物小句结构，是同源宾语结构，根据该结构所表达的意义，动词后的名词短语是宾语而不是附加语，因为它必须与动词邻接，不具有附加语的自由性（梁锦祥，1999：25）。既然是宾语，那么就是事件的参与者之一，需要入场。光杆名词 death 只是类指，而没有具体的所指对象，不能为事件的具体参与对象提供心理通道。种类是所有实例共同特征的抽象表现，它比任何一个实例都更图式化、抽象化（Langacker，2008：267）。但该参与者又不同于典型直接宾语。典型直接宾语是在动作发生前已经存在的，而此处的宾语"death"不是已存在事体，而是与动作同时发生的，因此不可能用定冠词 the 进行入场，指明在已有的备选对象中只有一个合法，不可能存在一个已有的 death，而应该用不定代词 a 来标示出共同出现的某个实例。

由此可见，句（250）由于入场成分的不恰当，与小句描写的事件的意义特征不相匹配，因而消除了小句的及物性，造成该及物小句不成立。但事实上，这样的结构，即 V＋a＋cognate object（同源宾语），在语言使用中是非常少见的。通过 BNC 语料库搜索，发现极为少量的案例，说明其能产性相当低。从语义上看，这个名词短语很难被识解为位于下游的能量接受者，是偏离度极大的宾语，而且是"动词所勾勒过程的具体实现，与动词描写的是相同的事件，是累赘的表达"（Langacker，2004a：363）。通常情况下，作为宾语的名词除了需要入场成分外，还需要添加修饰语，才能提高它的能产性。

以上分析表明，缺省入场成分，或者使用与小句事件的语义特征不相匹配的入场成分，都会使及物小句失去其及物性，导致小句去及物化。

第三节 小句非核心成分与去及物化

所谓非核心成分指小句成立的选择性成分，虽然不如核心成分重要，但也能影响小句及物性的显著偏离。我们所指的非核心成分包括修饰成分、附加成分和否定表达。

一、修饰成分

在及物小句中，充当参与者的名词性短语必须包含入场成分才能合法，而中心名词的修饰成分则是选择性的，可以不包含修饰成分。但在有些情况下，修饰成分对小句的及物性起到了重要作用。在认知语法中，名词修饰成分可能有多种形式，如形容词、介词短语、现在分词等，既可以出现在中心名词前，也可以出现在其后，但无论形式如何，位置如何，它们都拥有一个共同点，那就是名词修饰语勾勒了一种非过程性的关系。一个修饰语只有与被修饰的名词相互关联时，才能够被理解，而中心名词的功能是勾勒类型的决定物，由名词决定整个组合而成的结构体现一种概括性扫描。修饰成分的功能是使得被勾勒的事体能够更加详细地得以描写。正因为如此，如果缺省修饰成分，可能小句将失去及物性，不能生成合法的及物小句。用以下例句予以说明：

（251）Nina got up and smiled a smile that was meant for no one.

（252）But he simply smiled a smile of dry amusement.

（253）She smiled a faint smile. (BNC Web)

（254）… * smiled a smile.

正如前一节所述，同源宾语结构中作为宾语的名词通常需要增加修饰成分，通过 BNC 语料库的搜索，我们发现以动词 smile 为核心的同源宾语小句结构的成立都包含修饰成分，且出现不同形式，比如形容词、介词短语、限定小句。如果省略这些修饰成分，在 BNC 语料库中没能搜索到类似于句（254）的及物小句。这充分说明，修饰成分会影响及物小句的及物性高低，换句话说，中心名词的修饰成分的缺省会使整个小句的及物性消除。原因主要在于，如果有修饰成分，那么它可以勾勒一个非时间性的关系，将某种特征（Y）附加于关系中的射体。比如句（253）中的修饰结构 faint smile，名词 smile 勾勒出一个基本的类型 X，而通过形容词 faint 的修饰，生成了更为具体化的类型，包含了某种特征 Y，可表示为 XY。显然，并非所有的 X 的实例都是 XY 的实例，X 中只有那些具有 Y 特征的才是 XY 的实例，在更高一级的组合 a faint smile 中，XY 由不定冠词 a 入场，标示出任意一个 XY 而不是 X 的具体实例。可见，修饰成分补充了关键的、新的信息，使得复杂名词的特征不同于单个名词 X，不仅仅是动词内容的重复，而且使其拥有更加具体的内容，使其更加个体化，更接近典型及物事件的参与者特征（个体化程度较高的事体），同时在认知上也更加突显。

对于修饰语的特征有两点需要说明。第一，虽然入场的具体实例是 XY，但 X 仍然是中心名词，与动词同源，因此，修饰成分应是进一步说明主语动作的方式等与主语相关的特征，而不是指向说话人，在 BNC 语料库搜索 smiled a（_ AJ0）smile 的 55 条记录中，所有的形容词如 cool、small、hard、slow 等都是表示动作方式或主语情感等特征的，如果替换为指向说话人的修饰语，例如 "She smiled an evident smile"，小句的及物性将被去除。第二，如果修饰成分更加准确，使得复杂名词 XY 成为一个独特的，可识别的，更像是一个已经存在的、不同于任何一个实例的个体。赖斯（1987a）发现，在这种情况下，同源宾语还可能出现被动形式，如 "That precise scream was screamed by the murder victim"。

简言之，省略小句中的名词修饰成分可能会降低参与者的独特性、个体性，从而降低小句及物性，导致去及物化。

除了名词的修饰成分之外，还有动词的修饰成分，比如，副词修饰谓语动词。在认知语法中，副词和形容词一样，勾勒的也是一种非时间性的关系。副词的射体是一种关系，只有射体得到突显。小句中的副词也可能成为去及物化的因素，如下例所示：

(255) He tasted the pepper in the soup.

(256) ＊Foolishly, he tasted the pepper in the soup.

(Quirk, 1972: 353)

句 (255) 是及物性较高的小句，但如果植入不恰当的副词修饰成分，会造成及物小句所描写事件的内部语义特征不一致，相互冲突，从而无法产生能量交互的行动链，导致小句去及物化。具体来看，主要原因在于此处副词 foolishly 自身要求其勾勒射体的关系是过程性的，并且该过程中的主语是意志性的施事，而该句中的过程 he tasted the pepper 中的主语，通常情况下应该被理解为非意志性的，认知主体一般不会故意去尝汤里的黑胡椒。及物小句中的所有成分共同体现小句及物性，副词也是小句中的成分之一，那么，也是影响小句及物性的可能因素。整体看来，整个及物事件内部的语义特征产生了排斥、冲突。因此，无法形成能量传递的行动链，小句的及物性被消除。

从形式上看，按照认知语法的观点，在副词性的修饰关系中，副词勾勒的关系中的图式化的、抽象的射体，可作为详述点 (elaboration site)，需要通过中心成分 (hcad) 对其进行详细性阐述 (elaboration)，两个构件 (component structures) 之间发生对应 (correspondence)，从而复合为更上一级的及物小句结构。但此处因为中心成分 he tasted the pepper 的语义特征与副词勾勒的图式化过程关系特征（意志性完成事件）的不一致性，故该点无法得到具体详述，也就不能发生构件之间的对应，形成更上一层的组合结构，如句（256）。

类似的情况还有由于时间性特征不匹配等导致去及物化。例如 "He likes them" "He likes them skillfully"，在语义上，该句中的副词要求勾勒的射体的图式化事件语义特征具有［变化性］、［动态性］，而动词 like 勾勒的过程是静态性的、持续性的心理域及物事件，是一种非完成性的状态。这样，小句内部副词意义与动词勾勒事件类型特征发生语义冲突，导致了小句的去及物化。

需要进一步说明的是，副词修饰成分并不是及物小句必须包含的成分，但在及物小句中植入副词修饰成分，可能产生双向性的功能。即可能提高小句及物性，如 "She broke the glass purposely"，增加了及物语义因子［意志性］。也可能降低小句及物性，甚至去及物化，如 "He resembled his father again and again"，该句的副词修饰成分使得及物小句内部语义发生冲突。小句的核心成分动词 resemble 是非完成动词，认知语法认为非完成动词的特征之一就是动作的不可复制性，该特征与 again and again 的动态、重复性相矛盾，只有动态的完成性过程才可能出现动作的重复性。小句中的副词修饰成分如果在意义上与核心成分的语义特征不一致，就会消除整个小句的及物性。在形式上看，副词 again and again 勾勒出的 e-site（elaboration site）无法被中心成分 he resembled his father 详述，因此不能共同出现而复合成为更高层次的及物小句。

二、附加成分

及物小句中还存在附加成分，是状语的一种形式，此处，我们重点讨论在语义上表示时间、地点等的环境成分。根据认知语法，及物小句中的各成分有参与者和环境成分之分，这二者之间的对立也包括泰尼埃（Tesnière, 1953）对具体的细节（circumstantials）和动态论元（actents）的区分。在及物小句中，参与者是认知主体从大量的交互事体中选择出来并且得到突显的成分，是小句中突显度最高的核心部分。与之相反，环境成分在小句中则只是边缘成分。按照常规的编码方式，"环境成分由小句的副词标示，该副词的射体等同于小句的其他成分"（Langacker, 2004b：299）。环境成分通常表示时间或者空间，如"In summer, a major hurricane struck the city""She saw many interesting people in the park"。显然，表示时间和空间的成分包括在整个小句所描写的事件当中，是事件的一部分。正如我们在前文中所论述的，小句的及物性不仅仅与动词以及作为动词论元的参与者有关，还与小句的其他成分有关，甚至是像环境成分这样的边缘成分。环境成分虽然也不是及物小句必须出现的核心成分，但它的植入也可能导致小句的去及物化。用以下例句予以说明：

（257）They emptied the box in ten minutes.

（258）＊They emptied the box for ten minutes.

（程琪龙, 2013：15）

（259）John obeyed Mary.

（260）＊Suddenly, at 10 o'clock, John obeyed Mary.

（Taylor，2001：210）

（261）　She put the knife in a drawer.

（262）　＊She put the knife.

（Langacker，1987：300）

　　句（257）和（258）都包含时间环境成分，但后句的时间环境成分替换为 for ten minutes，导致了小句的及物性被消除，而不能构成合法及物小句。主要原因在于时间成分 in ten minutes 表示的意义是在一定的时间范围内，表示的是时间点，有完成性特征，在时间上是有界的；而 for ten minutes 则不同，它表示持续意义，不含完成性特征，在时间范畴内是无界的。两句中的谓语动词相同，都是 empty，按照认知语法对动词的分类，该动词勾勒的过程随时间的推移有变化发生，如盒子里的东西越来越少，在各个阶段中盒子里所储藏的东西的数量都不相等，因此，它是个完成动词，同时也是有界动词，标示一个时间范围内的有界过程。动词的时态标记为过去时，进一步表明该动作是完成性的。由此可知，整个小句所描写的事件应该是完成性及物事件，包括开始、中间和结束阶段。在时间上有起点和终点，在意义上与表时间点的环境成分（in ten minutes）相匹配，同时与表持续意义的时间成分相排斥，因此，当替换环境成分后，整个及物事件的语义特征与事件内部的成分之一——时间环境出现冲突、排斥、不一致的情况，导致及物小句不能成立，导致了小句去及物化的发生。

　　及物小句的成立要求事件的时间性语义特征与表示时间的环境成分的语义特征保持一致，在该例中，具体而言是及物小句中谓语动词勾勒的事件的完成性特征，没有与该事件的边缘成分时间环境成分的语义特征相一致，二者意义相互矛盾，因此小句的及物性消除。

　　类似这种去及物化的情况大量存在，比如"Mary killed the in-truder""Mary killed the intruder for hours on end"（Taylor，2001：210）。在后一例中，植入了表示时间持续性的、无界的时间环境成分，但这一成分与谓语动词所勾勒的及物事件的完成性、有界性相互矛盾，因此，也起到了去及物化的作用。句（260）也是类似情况，小句动词是非完成动词，勾勒的是非完成性社会域及物事件，没有具体的时间界限，是持续性的，而植入的表时间的环境成分是具体的时间点，是瞬时性的，与事件的时间性语义特征相矛盾，因此，小句的及物性消除，及物小句不成立。

　　需要说明的是，通常情况下，小句只能允许一种时间成分合法，但在某些特殊的情况下，如轻动词及物小句，可允许两种表时间的环境成分，例如"John did a dance for ten minutes""John did a dance in ten minutes"（于善志，2008：247）。据前文论述所知，这是由轻动词构成的及物小句结构，具有较低的及物性，但与它们所对应的不及物小句结构相比，该类及物小句结构增强了事件的完成性，可以与表时间点的 in ten minutes 共现，满足事件的完成性特征与环境成分的完成性特征相一致，强调该跳舞事件在某个时间点完成。也可以识解为及物性更低的、更接近不及物事件的非完成性事件，与表有持续性的、时间段的 for ten minutes 共现，强调该跳舞事件是非完成过程，没有终结点意义。这说明相同的事件也可能因为识解的方式不同，与多个时间环境成分相匹配。

　　需要注意区分的是，有时在形式上看起来像环境成分，但在语义上却只是环境成分中的一小部分，如地点（location），在及物小句中则充当核心成分，是及物事件必不可少的一个参与者。例如句（262）相比句（261）缺省了表示地点的环境成分 in a drawer，导致其不合法。其原因在于该小句所描写的及物事件与典型及物事件有所不用，典型及物事件由动词如 kill 等勾勒，该事件只需要包括能量交互的两个参与者，直接宾语接受到能量后发生内在的变化，而此处由 put 所勾勒的及物事件则不完全相同，直接宾语接受能量后不是发生性质的改变，而是发生移动，最终所在地点发生改变，而且 put 的语义特征中不包含移动因子，因此，如果不由表地点的成分详细地阐述该图式化事件中受事移动后的最终目的地，就无法成为完整的及物小句，此处的地点成分是小句必不可少的核心成分。

简而言之，在以上分析中，我们发现小句层面表示环境成分的替换或植入都可能会造成及物小句的去及物化，主要是时间环境成分的非完成性与及物事件的完成性相矛盾，造成整个及物事件内部语义特征的非一致性。

三、否定表达

在霍普和汤普逊（1980）所列举的 10 条影响及物性高低的因素中，小句的否定形式是降低整个小句及物性的因素之一。纳斯（2007）认为她们并没能清楚地解释否定是如何降低小句及物性的，只是简单地断言小句包含的行为有效性降低（less effective）。纳斯进一步提出，小句层的否定表达可以视为参与者语义特征的切换器。正因为小句中否定形式的出现，造成了两个参与者语义特征不能达到最大化区分（maximal distinction），从而降低了小句及物性。但实际上，这种分析仍然使问题过度简单化。

按照我们在前文中对典型及物事件的语义特征的分析，有及物性的事件一定是动作已经完成，能量传递的行动链已经形成的事件。因此，不难理解，如果没有行为、事件真正地发生，那么就没有能量传递的过程，小句及物性当然会随之消失。不可否认，小句的否定形式肯定是小句层面降低小句及物性的操作手段。但小句层的否定操作是个十分复杂的问题，否定涉及不同的形式，比如部分否定、整体否定，还有否定的辖域、焦点等。如果否定的方式不同，那么会造成对及物性事件否定的程度不同，因而降低小句及物性的程度也会不同。

　　基于以上观察，我们将从否定的不同表现方式具体分析小句层否定操作对小句及物性降低的影响。认知语法认为否定也有它的概念基础，NEG 在概念上是依赖的，我们对于否定的理解需要参照背景心理空间（M），也就是说在背景心理空间中存在的真实事体，在前景的心理空间中消失了。因此，否定就是在背景心理空间中勾勒出失去的事体（missing entity）。在我们谈论小句的否定对及物性的影响时，还必须弄清的是否定形式的两个基本区分。按照兰盖克的划分，句层否定可分为外部否定（external negation）和内部否定（internal negation）。外部否定也常常被称为元语言否定（metalinguistic negation）（Horn，1985；Langacker，2004）。它是对先前的话语的引述性否定；同时，外部否定是一种语用否定，它否定的是先前的话语在表达方式上的合适性，而不是否定句子的真值条件（袁毓林，2000：106）。例如：

　　　　（263）The king of France DIDN'T lose some hair.

　　　　（264）The king of France didn't lose any hair.

　　　　　　　　　　　　　　　　　　　（Langacker，1987：134）

　　句（263）和（264）都是小句的否定形式，但否定的内容却完全不同。句（263）是外部否定，具有元语言功能，否定的是出

现在之前的话语中的某个具体的内容。比如在前面的对话中提道
"there is a King of France"，那么，句（263）就是对前话语特定内
容的否定，而不是对小句内容的否定。句（264）则不同，属于内
部否定，不需要依赖于特殊的上下文，否定了过去这一真实发生
的及物事件，既然该及物事件是不真实的、不存在的，当然也就
去除了小句的及物性。通过以上分析，我们可以看出是小句的内
部否定降低了小句及物性，而不是外部否定；在外部否定中，及
物小句描写的行动链仍然存在，因此及物性并没降低。

除此之外，否定的辖域和焦点的不同，对及物小句的及物性的
负面影响程度也有所不同。否定的辖域指一个否定成分的作用范
围。也就是说，在一个包含否定词的格式中，所有可能被这个否
定词否定的项目构成了否定的辖域。事实上，处于否定的辖域之
中的几个成分通常只有一个是真正被否定的，这个被否定的项目
叫做否定的焦点（袁毓林：2000：99）。

（265）Not all the students like the party.

（266）The students don't like the party.

（267）John didn't make the cake skillfully.

（268）John didn't break the glass.

例（265）的否定成分与名词短语 all the students 一起构成一
个复杂的名词性短语，那么，它的否定辖域就不是整个小句，而
只是作为主语的名词性短语。既然否定所构成的是名词性短语，
表明勾勒的失去事体是一种事物，它不会改变整个小句的过程性
本质特征。从小句所描写的及物事件语义特征来看，这个局部否
定或者名词性否定只是否定了主语参与者群体中的一部分，并不
影响行动链的形成，能量的交互仍然是真实发生的，因此，只是

在很小程度上降低了小句的及物性。而句（266）否定的辖域则是词后的所有内容，这是整个小句层的否定，否定所勾勒的失去事体是一个过程。因此，整个小句所表达的及物事件的真实性被否定，就没有行动链产生，该小句被去及物化。

否定的情况还可能更加复杂。在不同的语境下，否定的焦点可能不同。通常情况下，小句的焦点在句尾，否定的焦点也在句尾。因此，句（267）中小句焦点和否定焦点重合，在否定辖域内，否定的焦点是 skillfully。但否定焦点在副词上，并不能否定行动链的真实发生，也就是说，John 没能熟练地做蛋糕，但做蛋糕的行动链是真实存在的。在这种情况下，小句的及物性也只是在很小的程度上降低，或者说及物性几乎没有降低。句（268）中否定的焦点与小句的焦点不一致。在特定的语境下，比如回答"Who didn't break the glass"，否定的焦点在主语上，行动链中的动作发出者被否定后，小句所描写的行动链无法形成，因此具有小句层否定的功能，完全去除了小句及物性。

由此可见，小句的否定是非常复杂的，并且有极强的语境敏感性，只有当否定勾勒的事体是过程，也就说整个小句的能量行动链被否定，否定操作才能使小句去及物化，而对于否定内容的判断离不开交际语境。显而易见，霍普和汤普逊或者纳斯对于否定与及物性降低之间关系的论述都过于直接和笼统。事实上，否定对小句及物性的降低有不同的情况，去及物化的发生主要看是否发生小句层面的内部否定，即行动链的真实存在是否被否定。导致小句去及物化的否定形式是通过否定行动链中的三大要素之一：能量发出者、动作或能量接受者，如句（262）和（264）。由于否定的高度语境依赖性，造成否定的焦点和辖域出现不同，可能出现部分降低小句及物性，如句（263），或者没有降低小句及物性，如句（265）的情况。

本章中，我们主要详细分析了英语 NP+VP+NP 小句中的各个成分对降低小句及物性，尤其是小句去及物化的影响。我们参照认知语法的思想，将小句成分分为核心成分和非核心成分。核心成分包括小句的谓语、主语和直接宾语；非核心成分包括修饰语、附加成分和否定表达。

通过分析我们发现，小句中各成分去及物化功能实现的主要原因在于由小句内部的语义冲突、语义重叠、语义缺省等导致了及物性核心要素——能量传递的行动链——无法形成，将及物性较高的小句转变为一个参与者的无及物小句、处于边缘地带的具有极低及物性的小句或者是不合法的小句，从而导致小句的去及物化。

除此之外，我们还有以下更为具体的发现：第一，小句各成分的去及物化方式并不完全相同，有的是通过将显性变为隐性，有的则是将完成性变为非完成性等。第二，不少小句成分，因其内部特征较为复杂，还需要进行进一步细化，才能更加清楚地描写它与及物性偏离典型之间的关系。比如否定方式的不同，对小句及物性的影响程度不相同。情态标记还需要进一步细分为认识情态和基本情态，二者对于小句及物性的影响也不相等。而以往的研究只是粗略、笼统地提及否定和情态对及物性降低的影响，并没有能够明确指出影响方式或细致划分影响的具体类别。第三，有些小句成分不仅具有去及物化功能，还同时具有及物化功能。比如动词后的介词就具有双向性特征。

总之，从本章的论述可见，及物性的本质特征是多维性的，受多种因素影响。及物性绝不只是动词特征，或只与动词有关，而是整个小句的特征。小句的核心成分与非核心成分都能够降低小句的及物性，使小句及物性偏离典型。

结论与展望

一、研究结论

本书以认知语法理论思想为研究的理论基础，主要以英语作为语料，论述了及物性本质、典型及物性、层级判断标准与语言使用的关系等核心问题。既有自上而下的视角，即将及物性视为整个小句的特征，而非动词特征，在小句层面讨论及物性层级性表现；也有自下而上的视角，即在语义层探讨小句内部各成分对小句及物性高低变化的影响。本书不仅从静态角度描写及物性，也从动态角度描写及物性的实时加工、人的主观认知加工的作用。本书认同认知语义学的主张，将及物性视为一个语义概念，体现典型效应，是对情景事件的概念化，其语言表达形式为 NP＋VP＋NP 的小句结构。具体而言，本书的结论如下：

及物性的意义是小句所描写事件及事件参与者关系的概念化，它的三个属性特征为：物理性、动态性和多维性。所谓物理性，指及物性的概念内容为典型及物事件模型，该模型是对物理能量传递的运动事件概念化的结果，其中心意义是物理性的，依赖物理性的时间、空间、力和能量而得以实现。所谓动态性，指作为及物性概念意义的两个认知模型——弹子球模型和舞台模型都是动态性的，即有时间维度。弹子球模型涉及运动事件发展的认知时间，舞台模型涉及对事件进行观察、识解的加工时间。因此，及物性不是对事件的镜像反映，而是在加工时间内对现实事件进行即时加工的结果。另一方面，小句及物性的高低是动态变化的，要么较近，要么较远地偏离典型及物性。所谓多维性，指及物性绝不仅仅是由动词决定的，而是与整个小句有关，小句层面的各个成分在语义上都会对及物性变化造成影响。小句及物性不仅涉及句法、语义维度，还涉及主观认知和语用维度。

典型及物性的概念内容为典型及物事件认知模型。基于该模型，典型及物性的语义数量特征可细化为事件特征，包括［+完成性］、［+瞬时性］、［+动态性］、［+单向性］、［+不对称性］、［+致使性］、［+接触］、［能量传递］；参与者特征，包括施事特征：［+生命性］、［+意志性］、［+施动性］，受事特征：［+无生命性］、［+已存在性］、［+性质变化］、［+个体性］。这些语义特征共同作为判断小句及物性偏离典型程度的参数标准。其中，事件类型中的与能量传递行动链有关的语义特征最为重要。

及物性的语义类型分布在三个不同的认知域，分别是物质域、心理域和社会域，其中物质域是理解心理域和社会域的基础。每个认知域内都有其典型，表现出层级性，即以典型为中心向外偏移，其中涉及转喻的认知机制。小句及物性偏移的方式和路径可以通过参与者和及物事件类型的语义特征的缺失进行描写。在语义特征丢失的过程中，如果有能量传递的行动链，那么小句及物性仍然较高。如果一旦能量传递的行动链无法形成，小句及物性将显著降低，可能表现为较低及物性、极低及物性甚至无及物性。

小句的及物性虽然是对情景事件的表达，但并不是对它的一种镜像反映，而是受到认知主体的识解方式影响。高及物事件可能编码为体现低及物性的小句，低及物事件可能编码为体现高及物性的小句。相同情景下，由于识解的详细程度、突显、视角不同，编码为不同的小句，造成最终编码的小句及物性表现不同。人的认知加工过程对小句及物性的变化起着重要的调控作用，这充分体现了及物性的动态性本质特征。识解并不是任意发生的，受到诸多语言外因素控制，控制识解的参数可表示为认知突显原则、情景特征、交际需求、动词语义特征，这四个特征相辅相成，构成小句及物性的识解机制。

既然及物性不是动词特征，而是小句特征，那么小句各成分在语义上对及物性都有影响。小句核心成分包括小句的谓语、主语和直接宾语，非核心成分包括修饰语、附加成分、否定表达。由于小句内部的语义冲突、语义重叠、语义缺省等，及物性核心要素——能量传递的行动链无法形成，可能将高及物性或有及物性小句转变为低及物性小句、一个参与者的无及物性小句或者是不合法的小句，即起到去及物化的作用。通过对语言现象的描写和分析，本书主要完成了以下内容：

（1）界定了及物性本质，是通过 NP+VP+NP 小句表达的语义概念，涉及语义、句法、认知、语用维度。

（2）完善并丰富了典型及物性的语义特征，增加了判断及物性偏离典型的参数语义特征，并且基于这些特征，详细描写了及物性偏离典型的具体路径。同时发现，能量传递的行动链是影响及物性偏离的最重要原因，如果小句描写的情景中行动链无法形成或不存在，那么，小句及物性将会极大降低，甚至可能无及物性。

（3）揭示了及物性的三大语义类型，发现了及物性存在于不同的认知域内，并基于物质域建构了心理域和社会域的及物典型的概念模型。从物质域向心理域投射的过程中，涉及 mind as a body 以及 mental energy is physical energy 等概念隐喻，在向社会域投射的过程中则涉及 social energy is physical energy 等概念隐喻。认知域内小句中参与者语义角色偏离原型角色涉及转喻机制，主要包括两大模式：整体-部分与部分-部分之间的转喻，这两大模式的生成都通过激活区理论得以解释。转喻在小句的主语和宾语的选择上起重要作用，而隐喻则帮助我们理解抽象的及物性。

（4）论证了人的主观性与及物性的密切关系。对典型及物事件的常规识解构成典型及物性，越是非典型的事件，认知主体的主观性越强，越可能最终编码为非典型及物性小句，因此，可以说认知识解是及物性意义的组成部分之一，对其概念内容起到调控作用，导致及物性与客观情景之间不可能直接对应。在此基础上建构了处于二者之间的认知识解加工机制，揭示了相同情景下引起及物性偏离典型的识解维度以及识解发生的动因。

（5）通过典型及物事件模型建立了小句及物性影响因素之间的相互联系，并论证了小句层面的核心因素和非核心因素对及物性大幅度偏离即去及物化的影响，概括了去及物化功能实现的主要方式为导致小句内部语义冲突、语义重叠、语义缺省，从而阻止行动链的形成。揭示了各成分去及物化的不同实现方式和途径。

（6）区分了小句层面影响英语及物性偏离因素的重要程度，并进一步细化了小句层各成分如否定表达和情态标记实现去及物化的方式。否定方式的不同，对小句及物性的影响程度是不相同的。情态标记还需要进一步细分为认识情态和基本情态，二者对于小句及物性的影响也是不相等的，而以往的研究过于粗略地、笼统地提及否定和情态对及物性降低的影响，并没能明确指出影响方式和细致划分具体类别。

二、局限与研究展望

由于作者学术视野和能力有限，本书还存在一些不足之处。首先，本书主要采取内省的研究方法，虽然内省法是认知语言学研究的主要方法，但它也存在内在的缺陷，比如本书通过内省描写出心理域和社会域的及物典型，但该典型的正确性还需要通过实验进行验证。其次，本书在撰写过程中尽力搜集了大量的英语及物小句作为论证的例句，但该结构是语言使用中最为常用和基础的小句结构，数量特别丰富，因而不可能涉及所有情况，难免会对一些语言事实有所疏忽。最后，及物性偏离典型的路径、认知机制、与识解的关系等还有待进一步补充和细化。

未来的研究可以在研究方法和研究内容方面进一步拓展。在研究方法上，需要多采用实证研究，这是认知语言学研究未来发展的方向。虽然认知语言学研究运用内省法取得了辉煌的成就，但其固有缺陷——主观直觉、推理可能会导致研究结果存在个人主观性。因此，未来研究可通过更科学、更客观的实验方法来验证小句及物典型、偏离典型等问题，比如不同认知域的及物性典型在我们大脑的认知表征中是否与我们所论证的一样以物质域为基础。

及物性存在于几乎所有语言中，而且即使是相同的语言，不同结构涉及的及物性问题也不尽相同，如英语中还存在双及物结构等。未来的研究中，可以进一步拓宽研究语料，从认知的视角开展更多跨语言的及物性研究，以寻求及物性的共性和差异性。一方面，每种语言都存在及物性现象，在语义上具有共性，但在形式表现上存在诸多差异性，如去及物化/增加及物性的句法形式可能不同，非典型及物性的语义和句法特征可能不同，体现的层级性也可能不同等。以汉语为例，汉语中有大量的如"吃大碗""吃食堂""吃馆子""吃老本"等不同于典型及物小句"吃苹果"的非典型及物小句。它们的语义特征如何，句法表现如何，生成机制是什么，都是我们一直在讨论的核心问题。另一方面，不同语言中诸如类似的表达极有可能出现明显差异，我们可以开展语言间的比较研究，以揭示两种语言的异同，以及背后的语言使用者的思维方式的异同。及物性的研究应该与其他学科相结合，拓展其应用性。比如，与语言习得结合，可以探究儿童习得母语的典型及物性以及非典型及物性、母语和第二语言的及物性的方式和顺序，比较其间的异同。我们还可以将视角转向从认知角度研究及物结构的社会功能，比如及物性高的小句"Stir the soup"，在妻子向丈夫寻求帮助的时候并不多用，而用双及物结构"Give it a stir"。我们可以通过真实的交际语料分析及物性的社会功能，以及与其他小句结构的功能异同。

　　总之，对于及物性的研究要以真实语料为基础，不仅要关注语言内的句法、语义等问题，还要将焦点向外拓展至语言外的人的认知活动、社会文化因素等，并与其他学科相结合，开展综合性的跨语言、跨学科的研究。

参考文献

高名凯:《语言论》,商务印书馆1995年版。

胡壮麟等:《系统功能语法概论》,湖南教育出版社1989年版。

李斌:《动宾搭配的语义分析和计算》,世界图书出版公司2011年版。

刘辰诞:《结构和边界——句法表达式认知机制探索》,上海外语教育出版社2008年版。

刘润清:《西方语言学流派》,外语教学与研究出版社1995年版。

龙日金、彭宣维:《现代汉语及物性研究》,北京大学出版社2012年版。

黄国文、常晨光、廖海青编:《系统功能语言学研究群言集》第1辑,高等教育出版社2010年版。

石毓智:《语法的认知语义基础》,江西教育出版社2000年版。

束定芳:《语言的认知研究:认知语言学论文精选》,上海外语教育出版社2004年版。

束定芳:《认知语言学研究方法》,上海外语教育出版社2013年版。

王钢:《普通语言学基础》,湖南教育出版社1988年版。

王寅:《认知语法概论》,上海外语教育出版社 2006 年版。

文旭:《语言的认知基础》,科学出版社 2014 年版。

杨成虎:《英汉语动宾结构的语法转喻研究》,上海交通大学出版社 2015 年版。

张克定:《英语句式的多维研究》,中国社会科学出版社 2008 年版。

章振邦:《新编英语语法教程》第三版,上海外语教育出版社 1999 年版。

赵艳芳:《认知语言学概论》,上海外语教育出版社 2001 年版。

[美] 格林:《乔姆斯基》,方立、张景智译,中国社会科学出版社 1990 年版。

曹燕黎:《转喻研究的学科路径、方法及其融合趋势》,《现代外语》2015 年第 2 期。

柴同文:《及物性:功能语法和认知语法的契合点》,《外国语言文学研究》2007 年第 1 期。

陈国华、周榕:《基于语料库的使役性谓词的习得比较研究》,《解放军外国语学院学报》2006 年第 4 期。

陈香兰:《高层转喻研究》,《外语教学》2008 年第 6 期。

陈月红:《中国学生习得英语反身代词研究——验证三种分析反身代词的语法理论》,《外语与外语教学》2001 年第 8 期。

成军:《范畴化及其认知模型》,《四川外国语学院学报》2006 年第 1 期。

程琪龙:《也谈完成性》,《外语教学》2013 年第 1 期。

程晓堂:《关于及物性系统中关系过程的两点存疑》,《现代外语》2002 年第 3 期。

戴曼纯:《中动结构的句法特征》,《外语学刊》2001 年第

4 期。

　　戴曼纯、刘晓英:《中国英语学习者心理动词习得实证研究》,《外语学刊》2008 年第 5 期。

　　邓云华、尹灿:《英汉中动句主语语法等级的比较研究》,《外国语》2014 年第 3 期。

　　董成如:《认知语法框架下动结式的形成和论元实现》,《现代外语》2014 年第 5 期。

　　冯志伟:《从格语法到框架网络》,《解放军外国语学院学报》2006 年第 3 期。

　　高航:《名词谓语句的认知解释:主观化与心理扫描》,《外语研究》2008 年第 4 期。

　　高秀雪:《英语中动结构的句法——语义界面研究》,《外语教学与研究》2013 年第 1 期。

　　何文忠:《中动构句选择限制的认知阐释》,《外语研究》2007 年第 1 期。

　　胡健、张佳易:《认知语言学与语料库语言学的结合:构式搭配分析法》,《外国语》2012 年第 4 期。

　　姜兆梓:《"吃食堂"及其相关句式中的非对称性》,《现代外语》2015 年第 1 期。

　　金顺德:《关系语法述评》,《外语教学与研究》1988 年第 2 期。

　　匡芳涛、文旭:《图形—背景的现实化》,《外国语》2003 年第 4 期。

　　李基安:《原型理论视角下的离散与模糊》,《外国语》2012 年第 1 期。

　　梁锦祥:《英语的同源宾语结构和及物化宾语结构》,《外语教学与研究》1999 年第 4 期。

　　林正军、王克非：《论非典型复杂构式产生的理据性》，《现代外语》2013 年第 4 期。

　　刘芬、白解红：《英汉非原型被动句的句法语义特征探析》，《外国语》2011 年第 6 期。

　　刘晓林、曾成明：《英汉去及物化和语义自足化机制对比及其语序效应》，《当代外语研究》2011 年第 8 期。

　　刘宇红：《词汇与句法的界面研究——格的视角》，《现代外语》2010 年第 4 期。

　　刘宇红：《从格语法到框架语义学再到构式语法》，《解放军外国语学院学报》2011 年第 1 期。

　　刘正光：《认知语言学的语言观与外语教学的基本原则》，《外语研究》2010 年 1 期。

　　刘正光、艾朝阳：《从认知语言学看外语教学的三个基本问题》，《现代外语》2016 年第 2 期。

　　刘正光、崔刚：《语法原型与及物性》，《外语与外语教学》2005 年第 1 期。

　　陆俭明：《句法语义接口问题》，《外国语》2006 年第 3 期。

　　孟宪茹、刘燕萍：《经典力学在物理教学中的作用》，《西藏大学学报》2003 年第 3 期。

　　宁春岩：《乔姆斯基语言观和方法论》，见黑龙江大学外语学刊编辑部编：《乔姆斯基语言理论介绍》，1982 年。

　　牛保义：《"Bake NP NP"是属于动词还是属于构式？——以使用为基础的研究》，《外语研究》2012 年第 1 期。

　　屈春芳：《同源宾语构式的生存性及其修饰语的语义功能》，《西南交通大学学报》2008 年第 3 期。

沈家煊:《英汉否定词的分合和名动分合》,《中国语文》2010年第5期。

沈家煊:《R. W. Langacker 的"认知语法"》,《国外语言学》1994年第1期。

沈家煊:《"有界"与"无界"》,《中国语文》1995年第5期。

沈家煊:《认知语法的概括性》,《外语教学与研究》2000年第1期。

束定芳:《论隐喻的运作机制》,《外语教学与研究》2002年第2期。

宋作艳:《轻动词、事件与汉语中的宾语强迫》,《中国语文》2011年第3期。

完权:《入场理论:认知语法的新进展》,《外国语》2009年第6期。

王和玉、温宾利:《中动结构的句法语义研究综述》,《现代外语》2014年第2期。

王立永:《概念观照与非宾格、非作格动词的语义基础》,《现代外语》2015年第2期。

王仁强、陈敏和:《基于语料库的动词与构式关系研究——以sneeze及物动词用法的规约化为例》,《外语教学与研究》2014年第1期。

王文斌、周慈波:《英汉看类动词的语义及词化对比分析》,《外语教学与研究》2004年第6期。

王义娜、李亚培:《由意象与识解看认知语法的理论框架》,《北京第二外国语学院学报》2008年第6期。

王寅:认知语言学的哲学基础:体验哲学,《外语教学与研究》2002年第2期。

王寅：《语义外在论与语义内在论——认知语言学与 TG 语法在内在论上的分歧》，《外国语》2002 年第 5 期。

王寅：事件域认知模型及其解释力，《现代外语》2005 年第 1 期。

王寅：《论语言的体验性——基于体验哲学和认知语言学提出的语言新性质》，《中国外语》2006 年第 5 期。

王志军：《及物性的典型研究》，《外国语》2004 年第 1 期。

王志军：《论及物性的分类》，《外国语》2007 年第 6 期。

王志军：《汉英动宾配词汇化过程中边缘成分的不同敏感度研究》，《外国语》2014 年第 5 期。

魏在江：《语用预设主观性的认知识解》，《解放军外国语学院学报》2011 年第 5 期。

文旭：《国外认知语言学研究综观》，《外国语》1999 年第 1 期。

文旭：《认知语言学诠释与思考》，《外国语》2001 年第 2 期。

文旭：《认知语言学的研究目标、原则和方法》，《外语教学与研究》2002 年第 3 期。

文旭：《语义、认知与识解》，《外语学刊》2007 年第 6 期。

文旭：《认知语言学事业》，《外语与外语教学》2011 年第 2 期。

文旭：《认知识解及其对外语教学的启示——应用认知语言学探索之一》，《当代外语研究》2012 年第 2 期。

吴淑琼：《语法转喻的含义、特征和运作模式》，《外国语文》2011 年第 6 期。

吴义诚、李艳芝：《语言及物性的构式研究》，《外国语》2014 年第 3 期。

肖燕、文旭:《时间概念化的转喻实现方式》,《外国语》2002年第3期。

熊学亮、付岩:《英汉中动词的及物性探究》,《外语教学与研究》2013年第1期。

熊学亮、梁晓波:《致使结构的原型研究》,《江西师范大学学报》2003年第6期。

熊学亮、王志军:《被动句式的原型研究》,《外语研究》2002年第1期。

熊学亮、王志军:《被动句认知解读一二》,《外语教学与研究》2003年第3期。

徐烈炯:《管辖与约束理论》,《国外语言学》1984年第2期。

徐盛桓:《语义数量特征与英语中动结构》,《外语教学与研究》2002年第6期。

徐盛桓:《句法研究的认知语言学视野》,《外语与外语教学》2005年第4期。

徐盛桓:《隐喻的起因、发生、建构与生成——心智哲学视域下比喻研究》,《外语教学与研究》2014年第3期。

许艾明:《英语中动词及物性实质的认知研究》,《外语与外语教学》2008年第10期。

杨成凯:《Fillmore格语法理论(上)》,《国外语言学》1986年第1期。

杨成凯:《Fillmore格语法理论(下)》,《国外语言学》1986年第3期。

姚岚、马玉蕾:《关系语法述评》,《外语学刊》2003年第2期。

于善志:《轻动词结构形式及其语义体转变》,《现代外语》

2008 年第 3 期。

袁毓林：《论否定句的焦点、预设和辖域歧义》，《中国语文》2000 年第 2 期。

原苏荣：《典型事件宾语的形式分类及其认知基础》，《外国语》2013 年第 2 期。

张建理：《英语视觉动词：概念的转换和彰显》，《浙江大学学报》2005 年第 6 期。

张建荣：《英语反身代词的指称、意义和分布与反身代词的指称、意义和分布》，《四川外国语学院学报》1993 年第 2 期。

张京鱼：《英汉心理使役动词应用对比研究》，《外语研究》2001 年第 3 期。

张翼：《认知语法和构式语法在论元结构问题上的互补性》，《外国语》2011 年第 1 期。

张媛、刘振前：《现代汉语形宾构式的认知语法视角解析》，《外国语》2014 年第 5 期。

张云秋：《典型受事宾语句的句法——语义特征及认知分析》，《首都师范大学学报》2003 年第 1 期。

郑玉荣：《论乔姆斯基转换生成语法中句法结构与语义接口的演化》，《外语学刊》2010 年第 3 期。

赵美娟：《乔姆斯基的语言观》，博士学位论文，上海外国语大学，2007 年。

陈佳：《论英汉运动事件表达中"路径"单位的"空间界态"概念语义及其句法—语义接口功能》，博士学位论文，上海外国语大学，2010。

Aristotle, *Metaphysics*, Translated by H. Tredennick, London: Heinemann, 1933.

Baggini, J., & Peter, S. F., *The Philosopher's Tookit: A Compendium of Philosophical Concepts and Methods* (2nded.), Chichester: A John Wiley & Sons, Ltd, 2010.

Barcelona, Antonio, "*The Multi-Level Role of Metonymy in Grammar and Discourse: A Case Study*", in Kosecki, Krzysztof (ed.), *Perspectives on Metonymy*, Germany: Peter Lang GmbH, 2007.

Berlin, Brent, & Paul Kay, *Basic Color Terms: Their Universality and Evolution*, Berkeley: University of California Press, 1969.

Bolinger, D., *Aspects of Language* (2nd ed.), New York: Harcourt Brace Jovanovich, 1957.

Bybee, Joan, & Carol Moder, "Morphological classes as natural categories", *Language* Vol. 59, No. 2, 1983.

Bybee, Joan, *Language, Usage and Cognition*, Cambridge: Cambridge University Press, 2010.

Cattell, R., *Composite Predicates in English*, Sydney: Academic Press, 1984.

Chomsky, N., *Syntactic structures*, Mounton & Co., The Hague, 1957.

Chomsky, N., *Language and Problems of Knowledge: The Managua lectures*, Cambridge: MIT Press, 1988.

Comrie, B., *Aspect*, Cabridge: CUP, 1976.

Comrie, B., "Ergativity", in W. P. Lehman (Ed.), *Syntactic Typology*, Austin: University of Texas Press, 1978.

Comrie, B., *Tense*, Cambridge: CUP, 1985.

Croft, W., & D. Alan, Cruse, *Cognitive Linguistics*, New York: Cambridge University Press, 2004.

Croft, W. , *Syntactic Categories and Grammatical Relations*, Chicago: The University of Chicago Press, 1991.

Croft, W. , " Mental Representations ", *Cognitive Linguistics*, Vol. 9, No. 2, 1998.

Croft, W. , *Typology and Universals* (2nd ed.), Cambridge: CUP, 2003.

Croft, W. , *Verbs: Aspect and Argument Structure*, Oxford: OUP, 2010.

Delancy, S. , " Transitivity in Grammar and Cognition ", in R. S. Tomlin (ed.), *Coherence and Grounding*, Amsterdam: John Benjamins, 1987.

Dirven, R. , & Marjolijn, Verspoor, *Cognitive Exploration of Language and Linguistics* (2nd ed.), Amsterdam: John Benjamins Publishing Company, 2004.

Dixon, R. M. W. & Alexandra, Y. A. , *Change Valency Case Studies in Transitivity*, Cambridge: Cambridge University Press, 2000.

Dowty, D. , "Thematic Proto-Roles and Argument Selection", *Language*, Vol. 67, No. 3, 1991.

Evans, V. , *A Glossary of Cognitive Linguistic*, Edinburgh: Edinburgh University Press, 2007.

Evans, Vyvyan, & Melanie, Green, *Cognitive Linguistics: An Introduction*, Edinburgh: Edinburgh University Press, 2006.

Fagan, S. , *The Semantics and Syntax of Middle Construction: A Study with Special Reference to German*, Cambridge: Cambridge University Press, 1992.

Fauconnier, G. , *Mental Spaces*, Cambridge: Cambridge

University Press, 1985.

Fauconnier, G. , *Mapping in Thought and Language*, Cambridge: Cambridge University Press, 1997.

Fellbaum, C. , *On the Middle Construction in English*, Bloomington: Indiana University Linguistic Club, 1986.

Fesmire, S. A. , "What is Cognitive about Cognitive Linguistics?", *Metaphor and symbolic Activity*, Vol. 9, 1994.

Fillmore, C. J. , "The case for case", in E. Bach, & R. T. Harms (eds.), *Universals in Linguistic Theory*, New York: Holt, Rinehart, 1968.

Fiorentino, J. , *Transitivity in Romance Languages*, Berline: Mouton de Gruyter, 2003.

Freud, S. , *The Interpretation of Dreams*, England: The Wordsworth Editions Limited, 1997.

Garcia-Miguel, Jose, M. , "Clause Structure and Transitivity", in Dirk, Geeraerts & Hubert, Cuyckens (eds.), *The Oxford Handbook of Cognitive Linguistics*, New York: Oxford University Press, 2007.

Gilquin, Ga? tanelle, Corpus, *Cognition and Causative Constructions*, Amsterdam: John Benjamins, 2010.

Gisborne, N. , *The Event Structure of Perception Verbs*, Oxford: Oxford University Press, 2006.

Givón, T. "Ergative Morphology and Transitivity Gradients in Newari", in Frans, Plank (ed.), *Relational Typology*, Berlin: Mouton, 1985.

Givón, T. , *Syntax: An Introduction (Vol. I)*, Amsterdam: John

Benjamins, 2001a.

Givón, T. , *Syntax: An Introduction（Vol. II）*, Amsterdam: John Benjamins, 2001b.

Gleason, H. A. , *Linguistics and English Grammar*, New York: Holt, Rinehart & Winston, 1965.

Goldberg, A. E. , Constructions: A construction Grammar Approach to Argument Structure, Chicago: University of Chicago Press, 1995.

Goldberg, A. E. , "Patient Argument of Causative Verbs can be omitted: The Role of Information Structure in Argument Distribution", *Language Sciences*, Vol. 23, 2001.

Goldberg, A. E. , *Constructions at Work*, Oxford: OUP, 2006.

Haiman, John, " Dictionaries and Encyclopedias ", *Lingua*, Vol. 50, 1980.

Halliday, M. A. K. , *Explorations in the Functions of Language*, London: Edward Arnold, 1973.

Halliday, M. A. K. , *An Introduction to Functional Grammar*, Beijing: Foreign Language Teaching and Research Press, 2000.

Hampe, B. , "Image schemas in Cognitive Linguistics: Introduction", *Journal of Immunology*, Vol. 175, No. 7, 2010.

Hartman, R. R. K. & F. C. Stork, *Dictionary of Language and Linguistics*, New York: Wiley, 1972.

Hopper, P. J. , "Causes and affects", *in Papers From the Parassession on Causatives and Agentivity at the 21ˢᵗ Regional Meeting of the Chicago Linguistic Society*, Chicago IL: CLS, 1985.

Hopper, P. J. , & Thompson, Sandra, A. , " Transitivity in Grammar and Discourse", *Language*, Vol. 35, No. 2, 1980.

Hopper, P. J. , & Thompson, Sandra, A. , *Syntax and Semantics: Studies in Transitivity*, New York: Academic Press, 1982.

Horita, Y. , "English Cognate Object Constructions and Their Transitivity", *English Linguistics*, Vol. 13, 1996.

Horn, R. , "Metalinguistic Negation and Pragmatic Ambiguity", *Language*, Vol. 61, No. 1, 1985.

Huddleston, R. , *English Grammar: An Outline*, Cambridge: Cambridge University Press, 1988.

Hudson, R. , *Sociolinguistics*, Cambridge: Cambridge University Press, 1980.

Jackendoff, R. , *The Architecture of the Language Faculty*Cambridge: MIT Press, 1997.

Jespersen, O. , *A Modern English Grammar on Historical Principles: Part VI Morphology*, London: George Allen & Unwin, 1954.

Kageyama, T. , *Bunpoo to Gokeisei (Grammar and Word Formation)*, Tokyo: Hituzi Syobo, 1993.

Keyser, S. J. , & T. Roeper, "On the middle and ergative construction in English", *Linguistic Inquiry*, Vol. 15, 1984.

Kittilä, S. , *Transitivity: Towards a Comprehensive Typology*, Turku: Åbo Akademis Tryckeri, 2002.

Kövecses, Zoltán, "A Broad View of Cognitive Linguistics", *Acta Linguistica Hungarica*, Vol. 52, 2005.

Labov, William, "The Boundaries of Words and Their Meaning", in Charles-James N. Bailey, & Roger, W. Shuy (eds.), *New ways of analyzing variation in English*, Washington D. C. : Georgetown University Press, 1973.

Lakoff, George, & Mark, Johnson, *Philosophy in the Flesh: The Embodied Mind and Its Challenge to Western Thought*, New York: Basic Books, 1999.

Lakoff, George, & Mark, Johnson. , *Metaphors We Live By*, Chicago: The University of Chicago Press, 1980.

Lakoff, George, *Cognitive Linguistics: What It Means and Where It Is Going*. Journal of Foreign Languages, Vol. 2, 2005.

Lakoff, George, "Linguistic gestalts", *Papers from the 13th Chicago IL: CLS*, Vol. 13, 1977.

Lakoff, George, *Woman, Fire and Dangerous Things: What Categories Reveal about the Mind*, Chicago and London: The University of Chicago Press, 1987.

Langacker, R. W. , *Foundations of Cognitive Grammar*, Beijing: Peking University Press, 2004.

Langacker, R. W. , *Concept, Image and Symbol: The Cognitive Basis of Grammar*, Berlin: Mouton de Gruyt, 1990.

Langacker, R. W. , " Reference-point constructions ", *Cognitive Linguistics*, Vol. 4, No. 1, 1993.

Langacker, R. W. , *Grammar and Conceptualization*, Berlin: Mouton de Gruyter, 1999.

Langacker, R. W. , *Dynamicity in Grammar*, Dordrecht: Kluwer Academic Publishers*, 2001.

Langacker, R. W. , "Aspects of the Grammar of Finite Clauses", in M. Achard, & S. Kemmer (eds.), *Language, Culture and Mind*, Stanford: CSLI Publications*, 2004.

Langacker, R. W. , *Cognitive Grammar: A Basic Introduction*,

Oxford: *Oxford University Press*, 2008a.

Langacker, R. W. , "Sequential and Summary Scanning: A Reply", *Cognitive Linguistics*, Vol. 19, 2008b.

LaPalombara, L. E. , *An Introduction to Grammar*: *Traditional*, *Structural*, *Transformational*, Cambridge: Winthrop Publishers, 1976.

LaPolla, R. J. , Frantisek, Kratochvil, & Alexander, R. Coupe, "On Transitivity", *Studies in Languages*, Vol 35, No. 3, 2011.

Lazard, G. , "What is an Object in a Crosslinguistic Perspective?" In G. Fiorentino (ed.), *Romance Objects*: *Transitivity in Romance Languages*, Berlin: Mouton de Gruyter, 2003.

Leech, G. N. , *Meaning and the English Verb*, London: Longman, 1971.

Lemmens, Maarten. , *Lexical Perspectives on Transitivity and Ergativity*, Amsterdam: John Benjamins, 1998.

Lenneberg, E. H. , *Biological Foundations of Language*, New York: Wiley, 1967.

Levin, Beth. , *English Verb Classes and Alternations*: *A Preliminary Investigation*, Chicago: The University of Chicago Press, 1993.

Lyons, J. , *Introduction to Theoretical Linguistics*, Cambridge: Cambridge University Press, 1986.

Montserrat, M. V. , *Transitivity Revisited*, Huelva: *Universidad de Huelva*, 1998.

Næss, Åshild, "What markedness marks: The Markedness Problem with Direct Objects", *Lingua*, Vol. 114, No. 9−10, 2004.

Næss, Åshild, *Prototypical Transitivity*, Amsterdam: John Benjamins, 2007.

Newman, John, & Sally, Rice, "Transitivity Schemas of English EAT and DRINK in the BNC", in S. T. Gries, & A. Stefanowitsch (eds.), *Corpora in Cognitive Linguistics: Corpora-Based Approaches to Syntax and Lexis*, Berlin: Mouton de Gruyter, 2006.

Palmer, F. R., *The English Verb*, London: Longman, 1974.

Palmer, F. R., *Grammatical Relations*, Cambridge: CUP, 1994.

Panther, K. U., "The Role of Conceptual Metonymy in Meaning Construction", in I. F. J. Ruiz, de, Mendoza, & M. Pe? à (eds.), *Cognitive Linguistics: Internal Dynamics and Interdisciplinary Interaction*, Berlin: Mouton de Gruyter, 2005.

Panther, K. U., "Metonymy as a Usage Event", in G. Kristiansen, et. al (eds.), *Cognitive Linguistics: Current Applications and Future Perspective*, Berlin: Mouton de Gruyter, 2006.

Permultter, D., "Impersonal Passives and Unaccusative Hypothesis", *Berkeley Linguistic Society*, Vol. 4, 1978.

Pesetsky, D., *Zero Syntax: Experiencer and Cascades*, MA: MIT Press, 1995.

Pinker, Steven, *How the Mind Works*, New York: Norton, 1997.

Pustejovsky, J., "The Generative Lexicon", *Computational Linguistics* Vol. 17, 1991.

Quirk, R, S. Greenbaum, G. Leech, & J. Svartvik, *A Grammar of Contemporary English*, Great Britain: Longman, 1972.

Quirk, R, S. Greenbaum, G. Leech, & J. Svartvik, *A Grammar of Contemporary English*, New York: Longman, 1985.

Radford, Andrew, *Transformational Grammar: A First Course*, Cambridge: Cambridge University Press, 1988.

Rice, Sally, *Towards a Cognitive Model of Transitivity*, *PhD Dissertation*, *University of California at San Diego*, 1987.

Rice, Sally, "Towards a Transitive Prototype: Evidence from Some Atypical English Passives", *BLS*, Vol. 13, 1987b.

Rice, Sally, "Transitivity and the Lexicon", *Newsletter of the Center for Research in Language*, *University of California*, *San Diego*, Vol. 2, 1987c.

Rice, Sally, "Unlikely Lexical Entries", *in Proceedings of the 14th Annual Meeting of the Berkeley Linguistics Society*, *Berkeley CA: BLS*, 1988.

Richards, J. , J. Platt, & H. Weber, *Longman Dictionary of Applied Linguistics*, London: Longman, 1985.

Richards, A. , *The Philosophy of Rhetoric*, New York: Oxford University Press, 1965.

Robinson, P. , & Nick, C. E. , *Handbook of Cognitive Linguistics and Second Language Acquisition* New York: Routledge, 2008.

Rosch, Eleanor, "Principles of Categorization", in Rosch, Eleanor & Barbara, B. Lloyd (eds.), *Cognition and Categorization*, *Hillsdale NJ: Lawrence Erlbaum.* 1978.

Ross, John, Robert. , "Endstation Hauptwort: the Category Squish", *CLS*, Vol, 8, 1972.

Rozas, Victoria, Vázquez. , "A usage-based approach to prototypical transitivity", in Nicole, Delbecque, & Bert, Cornillie (eds.), *On Interpreting Construction Schemas: From Action and Motion to Transitivity and Causality*, Berlin: Mouton de Gruyter, 2007.

Smith, E. E. , & Medin, D. L. , *Categories and Concepts*, Cambridge: Harvard University Press, 1981.

Sun, Yuli & Zhao, Yushan. ,"A Comparison of Transitivity System in English and Chinese", *Cross Cultural Communication*, Vol. 8, 2012.

Sweetser, Eve, Semantic Structures and Semantic Change: A Cognitive Linguistic Study of Modality, Perception, Speech Acts, and Logical Relations, PhD Dissertation, University of California, Berkeley, 1984.

Sweetser, Eve, *From Etymology to Pragmatics: Metaphorical and Cultural Aspects of Semantic Structure*, Cambridge: CUP, 1990.

Talmy, Leonard,"Semantic Causative types", in Masayoshi, Shibatani (ed.), *Syntax and Semantics: Vol. 6. The Grammar of Causative Constructions*, New York: Academic Press, 1976.

Talmy,"Leonard, Force dynamics in Language and Cognition", *Cognitive Science*, Vol. 12, 1988.

Talmy, Leonard, *Towards a Cognitive Semantics: Vol. 1. Concept Structuring System*, Cambridge: The MIT Press, 2000.

Talmy, Leonard, *Towards a Cognitive Semantics: Vol. 2. Typology and Process in Concept Structuring*, Cambridge: The MIT Press, 2001.

Talmy, Leonard, " Forword ", in M. Gonzalez-Marquez, I. Mitteberg, S. Coulson, & Spivey, M. J. (eds.), *Methods in Cognitive Linguistics*, Amsterdam: John Benjamins, 2007.

Talmy, Leonard, "Force Dynamics", *in Paper Presented at Conference on Language and Mental Imagery, University of California, Berkeley*, 1981.

Taylor, John, *Linguistic Categorization: Prototypes in Linguistic*

Theory, Beijing: Foreign Language Teaching and Research Press, 2001.

Taylor, John. , *Cognitive Grammar*, Oxford: Oxford University Press, 2002.

Taylor, John, *The Mental Corpus-How Language is Represented in the Mind*, Oxford: Oxford University Press, 2012.

Tesnière, Lucien, *Eléments de Syntaxe Structurale*, Paris: Klincksieck, 1953.

Theakston, Anna, L. , Rober, M. aslen, Elena, V. M. Lieven, & Michael, Tomasello. , "The Acquisition of the Active Transitive Construction in English: A Detailed Case Study", *Cognitive Linguistics*, Vol. 23, 2012.

Thompson, Geoff. , *Introduction functional Grammar*, Beijing: Foreign Language Teaching and Research Press, 2000.

Tsunoda, T. , "Transitivity", in K. Brown, & J. Miller (eds.), *Concise Encyclopedia of Grammatical Categories*, Elsevier: John Benjamins, 1999.

Tsunoda, T. "Remarks on Transitivity", *Journal of Linguistics*, Vol. 21, 1985.

Ungerer, F. , & H. J. Schmid, *An Introduction to Cognitive Linguistics*, Beijing: Foreign Language Teaching and Research Press, 2001.

Van, Oosten, Jeanne, Subject, Topic, Agent and Passive, PhD Dissertation, University of California, Berkeley, 1984.

Van, Valin, Robert, D. Jr. , & Randy, J. LaPolla, *Syntax: Structure, meaning and function*, Cambridge: CUP, 1997.

Vendler, E. , *Linguistics in Philosophy*. Ithaca: Cornell University Press, 1976.

Vyvyan, E. & M. Green, *Cognitive Linguistics: An Introduction*, Edinburgh: Edinburgh University Press, 2006.

Wierzbicka, A. , "A semantic basis for grammatical typology", in W. Abraham, T. Givon & S. A. Thompson (eds.), *Discourse Grammar and Typology: Papers in Honor of John W. M. Verhaar*, Amsterdam: John Benjamins, 1995.

Willems, K. ,"Logical polysemy and variable verb valency", *Language Sciences*, Vol. 28, No. 6, 2006.

Zwart, C. Jan-Wouter, *Morphosyntax of Verb Movement: A Minimalist Approach to the Syntax of Dutch*, Dordrecht: Kluwer, 1997.